人物叢書

新装版

いん　　げん

平久保　章

日本歴史学会編集

吉川弘文館

隠元寿像

（喜多元規筆，部分）（黄檗山蔵）

隠元の筆蹟（題黄檗十二景の一、青竜澗）（黄檗山蔵）

妙高ノ一脈注グ二龍津ニ一。引キ二入レテ雲厨ニ一供ス二至人ニ一。徹底不レ忘レ源ノ本者。随ツテレ流レニ得レ妙ヲ自ラ通ズレ神ニ。　青竜澗　八十翁琦老人書

はしがき

禅宗黄檗派（明治九年より黄檗宗と公称）の祖隠元の伝記資料のうち、特に注目すべきものは、『隠元禅師語録』（清（シン）順治十年＝一六五三年弟子性宗募刻、十六巻）所収の「行実」、隠元の侍者独耀性日編録の『黄檗隠元禅師年譜』、隠元の法嗣南源性派編録の『普照国師年譜』である。

「行実」は、順治八年（一六五一）十一月四日に隠元が福建省福州府福清県の黄檗山萬福寺において六十歳の誕辰を迎えたとき、弟子の慧門如沛・木庵性瑫・虚白性願・即非如一・常熙興燄や、外護者の林文若・林位中・林月樵らから行実を説いて大衆に聴かしてもらいたいと要望され、誕生日の過ぎた某日、右の要望にこたえて大衆に語ったことをもとにして編録されたもので、隠元の誕生から六十歳までのことが簡潔に記されている（全文二九二三字）。明暦元年（一六五五）日本で開版された『黄檗和尚全録』

（内題『隠元禅師語録』、十八巻）、隠元の寂後開版された『普照国師広録』（三十巻）にも収められている。

『黄檗隠元禅師年譜』は、独耀性日が「行実」をもとにし、隠元の語録や『黄檗山志』等を参照して編録したもので、隠元が中国におる間には開版されなかったようである。日本では隠元が渡来した年の承応三年（一六五四）に長崎興福寺の僧逸然性融が最初にこれを開版している。「天運甲午歳孟冬上浣之吉　長崎興福禅寺監院逸然子性融捐刊流通」とある『黄檗隠元禅師年譜』がそれで、巻頭に甲午孟春（順治十一年＝承応三年正月）の独往性幽の「年譜乞言小引」を載せており、承応三年十月までのことが記されている。東渡以後の部分はもちろん追加されたものである。この逸然版に明暦元年十一月までの記事を増補したものがその後開版され、さらにこの増補本をもとにして返り点・送り仮名を付し、かつ明暦元年十二月の記事を追加したものが開版されている。このように、日本で開版された『黄檗隠元禅師年譜』には三種類あり（いずれも「侍者性日編録」となっている）、隠元の誕生から六十三歳（逸然版）ないし六十四歳までのことが、「行実」よりも詳細に記されている。

『普照国師年譜』は、上下二巻に分かれている。上巻は南源性派が『黄檗隠元禅師年譜』に多少手を加えたもので、同年譜にない記事がまま載せられており、まれには同一内容の記事が異なった年次にかけられている場合もある。下巻は南源性派が高泉性潡(こうせんしょうとん)（隠元の法孫）の協力をえて新たに編録したものである。上巻には順治十年（一六五三）・六十二歳までのことが記され、下巻には順治十一年＝承応三年（一六五四）・六十三歳すなわち東渡の年から、寛文十三年（一六七三、九月延宝と改元）四月八十二歳で寂するまでのことが記されており、隠元一代の年譜として最も注目すべきものである。

本書『隠元』は、以上の三資料を骨子として叙述し、隠元の語録や詩偈(しげ)集、およびその他の諸資料によって肉づけしていくことになる。ただし、叙述の際に以上の三資料をいちいち出典として挙げることは煩雑のきらいがあるので、特に必要ある場合を除き、省略するつもりである。なお本文中の引用文は、ほとんどすべて原漢文である。

本書を成すに当っては、内閣文庫・東洋文庫・竜谷大学図書館の蔵書の閲覧、特に宇治の黄檗山萬福寺・駒沢大学図書館の貴重な記録・蔵書の帯出を許され、赤松晋明・林義昌・森本三鎧・松居弘倫・山本千秋・和田文承・海野桃林・飯田痴童・玉川泰客・薬師寺正春・田谷默雷の諸師、西村南岳・小川霊道・大輝秀穂三先生、小松原濤氏から何かとご好意を寄せられた。ここに改めて感謝の意を表する。

昭和三十七年八月

平久保　章

目次

口絵

挿図

第一　出家と嗣法

一　青少年時代

誕生

隠元（諱は隆琦）は、明の神宗の万暦二十年（一五九二）十一月四日に、福建省福州府福清県万安郷霊得里東林の林氏の子として生まれた。万暦二十年といえば、清朝の基を開いたヌルハチ（奴児哈赤または努爾哈斉）が部族間の抗争で祖父と父とを殺されたのを憤り、その仇敵に対して復讐戦を開始してから九年後のことで、当時建州女直の満州五部はすでにかれによって統一されており、恐れをなした遠近の諸部が協力してまさにかれを図ろうとしていたときであり、他方日朝間にはいわゆる文禄の役が起り、釜山に上陸した日本軍が破竹の勢いで朝鮮半島を席巻していたときである。

『普照国師塔銘』（『普照国師年譜』付録に載す。大阪国分寺旧蔵の別本がある）によると、林氏は「八閩（福建省地方）の望族」で、「世々詩書を守って簪纓美を済し」た（代々学問を修めて高官に列していた）という。『普照国師塔銘』の撰者は、賜進士出身・光禄大夫・礼部尚書・上柱国・太子太師・中極殿大学士燕山（燕山府、いまの北京）の杜立徳、ということになっているが、古文辞学者荻生徂徠はこれを長崎人の偽作とみなしており、これが石に刻されると聞いて宇治（京都府宇治市）の黄檗山萬福寺第八代住持悦峰道章（唐僧、隠元の法孫）に書信を送り、偽作とみなす理由をくわしく説明して注意を促し、そしりを後世に残さないように忠告している（『徂徠集』巻之二十九書牘・与悦峰和尚）。かように偽作問題の起った塔銘であってみれば、林氏に関する以上の記事はしばらく措き、他に有力な資料を求めなければならなくなる。ここでわれわれの注目をひくのは、南源性派が寛文十一年（一六七一）隠元の八十歳の誕生日を祝した寿詩の序（『黄檗開山隠老和尚八十寿章』所収）の中に、「吾が本師黄檗隠老和尚は西河の望族より起る」

もと西河の望族

と記していることである。南源は若いときから隠元のかたわらにおり、隠元に従って東渡し、やがてその法を嗣いだ人である。したがって、隠元に関するこの記事には信頼がおけるし、これによって林氏がもと西河の望族であったことが明らかになる。ただし、この西河がどの辺をさすかという点になると、判然としない。後漢のころには并州西河郡、北魏のころには晋州西河郡および建州泰寧郡西河県、元のころには冀寧路汾州西河県があり、これらはいずれものちの山西省内にあった（『歴代地理志韻編今釈』）。かりに林氏の発祥地が山西省内にあったとしても、いつごろ福建省に移ってきたのか明らかでない。

父母・兄弟・親戚

隠元の父はどのような官職ないし職業についていたかわからないが、諱を徳竜といい、在田と号した。母は龔氏で、賢行があり施済を喜んだといわれる。徳竜と龔氏の間には三人の子息があり、隠元はその末子で、諱を曽昺といい、子房と号した。長兄の名は不明であるが、仲兄は子春といい、隠元よりもずっとおくれて僧になっている。親戚には、南京に母舅（母方のおじ）龔泉宇、浙江省寧波府舟山に族叔（諱・号ともに不明）がおり、なお汝黙という名の甥がおった。隠元の親族で普通知られているのは、以上のものたちである。

父、消息を絶つ

父の徳竜は、隠元が六歳のとき湖南・湖北省方面におもむいたまま帰らず、以後全く消息が絶えてしまった。ために林氏の家産は日に傾き、九歳のとき初めて学に就いた隠元も、十歳の冬には学問を廃し、耕樵（土地を耕し木を伐る）の業を習わなければならないようになった。

中峰社学に学ぶ

わずか二年間ではあるが、少年隠元はどのような機関で学んだのだろうか。即非如一（隠元の法嗣）の撰した『福清県志続略』によると、当時福清県には、郷村子弟の教育機関である社学が九ヵ所に存在した。そのうち光賢里にある中峰社学は、もと潮音寺という寺であったのを、嘉靖六年（一五二七）に福州府の知府（府の長官）朱豹が社学にしたものであるという。光賢里は霊得里と同じく万安郷（福清県七郷の一つ）のうちにあり、隠元の生家から近いところにあった。隠元がこの中峰社学で学んだことは、ほとんど疑いない。

仏を慕う念を起す

隠元は賢い少年で、諸児と異なっていたといわれるが、そろそろ分別のつく年ごろになると、将来宗教家としてたつべき鋒鋩を早くも現わしてきた。十六歳のときのことであるが、静夜に二―三の友人と松下に坐臥した隠元は、星月の流輝する天空を仰ぎ見て宇宙間の神秘に想到し、この宇宙間の道理は仙仏でなければ明らめ難いであろうと思い、ついに仏を慕う念を起しているのである。以来世事に心なく、世計に無関心だったため、そのなすところにつまずきが多かったとみずから述懐している。十八歳のとき径江（福清県治の南二十余華里（一華里は日本の六町、すなわち約六五〇メートル、以下同じ）にある逕江か）の念仏会に加わり、僧に会うごとに仏道修行の要領を問うたといわれるが、仏教関係の法会に加わったのは、これが最初だったようである。

捜父の旅にのぼる

六歳のときから消息を絶っている父親のことは、青少年時代を通じて、常に隠元の胸中を去来していたようである。二十歳になったとき、母と長兄から妻をめとるように勧められると、「父のゆくえも知らないでおるのは子として不孝である。父に会ってからのち妻帯してもおそくない」といって断った。そして翌年二十一歳の春に母と相談し、妻帯の用意に母がたくわえておいてくれた金子を路費

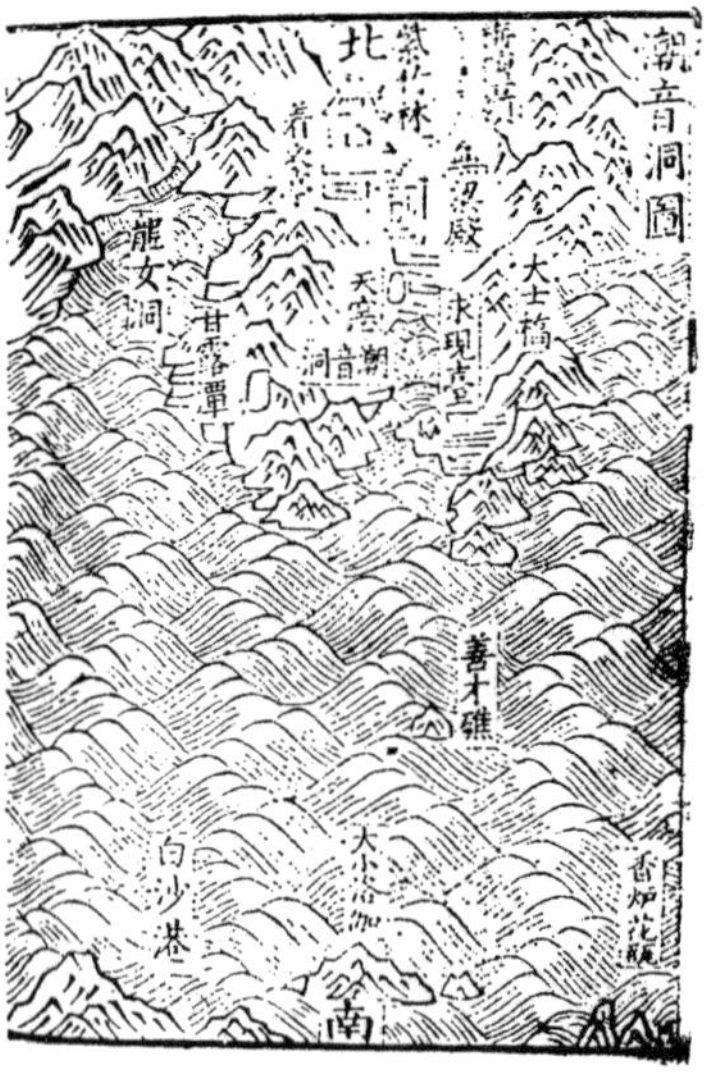

『補陀洛伽山志』所収）

南京の母舅舟山の族叔を尋ねる

に充て、父を捜（さが）すため長途の旅にのぼることになった。

父を捜すといっても、まことにあてどもない旅である。そこで隠元は、まず親戚のおるところを目ざし、豫章（浙江省処州府竜泉県豫章舗）を経て南京（ナンキン）におもむいた。南京には母舅（ぼきゅう）の龔泉宇（きょうせんう）がおったのでこれを尋ねると、泉宇は、「国は広く人は多い。この都

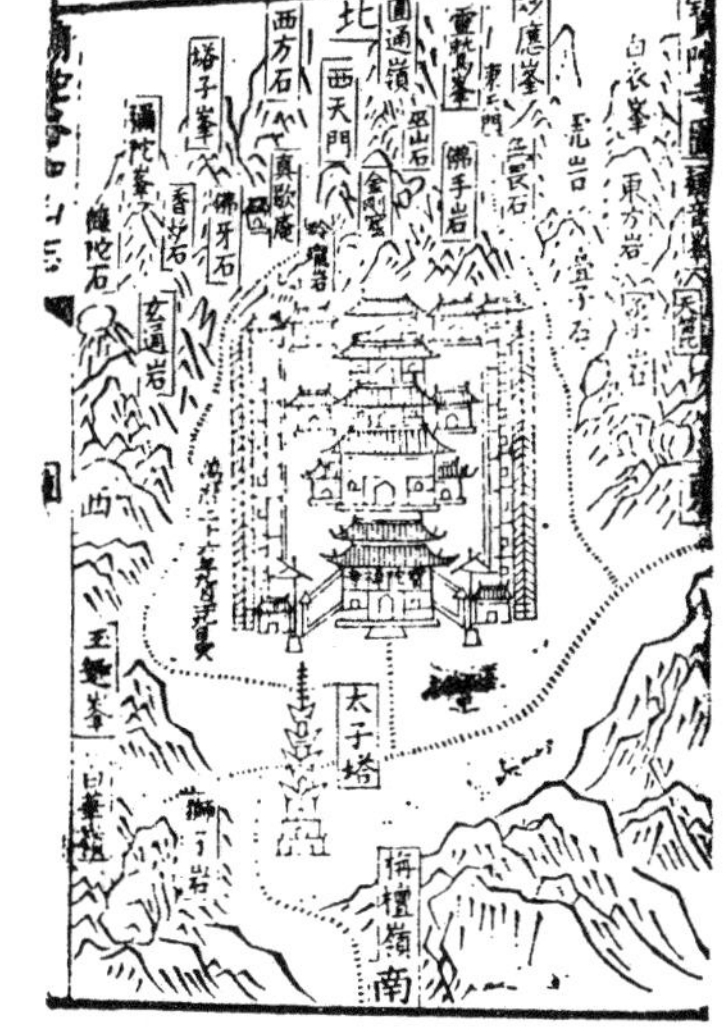

普陀山図（万暦26年序刊

城でさえ父を捜すことは不可能である。それよりは、故郷へ帰って母に孝養をつくすがよい」といってしきりに帰郷を勧めた。隠元は聞き入れず、泉宇のもとを辞して、次に寧波府（浙江省）の舟山におもむき、同地における族叔を尋ねた。族叔からも泉宇と同じように帰郷を勧められたが、その言にも従わなかった。

紹興府各県の名勝を歴訪す

かようにして二十一歳の年は暮れてしまい、次の年の一年間は、方先生という、絵を善くし浙江省の士紳間に重んぜられている者の伴をして、紹興府（浙江省）各県の名勝をあまねく歴訪してすごした。もちろん、父を捜す便宜のためである。方先生とは旧識であったといわれるが、いつどのような事情で知り合っていたのか明らかでない。

普陀山におもむく

故郷を出発してからまる二年経過しても、父のゆくえが依然としてわからなかったので、このうえは観音の冥助にすがるよりほかないと思い、二十三歳の春、便船に乗じて南海の普陀山（普陀落山・補陀洛伽山）におもむいた。

普陀山

観音の霊場普陀山は、舟山列

島中の一孤島で、文殊菩薩の霊場五台山（山西省代州府五台県）、普賢菩薩の霊場峨眉山（四川省嘉定府峨眉県）とともに当時三大霊場として知られ、王侯庶民からあつく信仰されていたところである。羅漢・塔子・弥陀・霊鷲・妙応・白衣・観音・光熈等の諸峰がそびえ、仏手岩・玄通岩・東方岩・獅子岩・象岩・香炉石・畳子石・巫山石・仏牙石・無畏石・盤陀石等の奇岩怪石に富み、別天地をなしていた。日本僧慧萼が入唐し、五台山に登って帰国の途中この地に居民の張氏と不肯去観音院を建て、五台山からもたらした観音像を安置したのは、唐の宣宗の大中十二年（八五八）のことといわれている。北宋の元豊三年（一〇八〇）に伽藍を改建して名を宝陀観音寺と改め、南宋の紹興元年（一一三一）真歇清了（曹洞宗の僧）がこの地に庵を結んでから律寺を改めて禅寺とし、明の万暦三十三年（一六〇五）さらに名を護国永寿普陀禅寺と改めている（のち康熙三十八年＝一六九九年に普済禅寺と改称）。隠元が訪れた当時、普陀山には、この普陀禅寺のほかに、鎮海寺があった。同寺は万暦八年（一五八〇）に創建され、初め海潮庵とよばれたが、万暦二十二年（隠元三歳）に海潮寺と改め、同二十六年に焼失して七年後に再建され、同三十五年に明の神宗から寺額を授かって鎮海寺と改称しているのである（康熙三十八年さらに法雨禅寺と改称）（『南海普陀山志』『補陀洛伽山志』『元亨釈書』巻第十六・唐補陀洛寺慧蕚）。

潮音洞主に投じ茶頭となる

普陀山を訪れた隠元は、仏地の殊に勝れ大いに俗世間と異なっているのを見て、俗念が一時に消え去り、ついに発心して、潮音洞主に投じ（潮音洞は普陀禅寺の南方三華里にある）、茶頭（仏前に献茶し大衆に茶を供する役）となった。そして日々万衆に茶を供したがすこしも難色を示さなかったので、潮音洞主から、この仏子は真に菩薩の使者であると喜びかつ歎ぜられたという。かようにして一年間茶頭を勤めていたが、やがて感ずるところがあって翌年三月潮音洞を辞し、便船に乗じて故郷に帰った。ときに二十四歳、日本でいえば大坂夏の陣で豊臣氏が滅び、武家諸法度・禁中幷公家諸法度が制定された年にあたっている。

出家の志をいだいて帰郷す

まる三年間の長途の旅は、父を捜すという目的からいえばけっきょく失敗に終わっているが、数多くの体験をつんだ点で、隠元にとっては意義ある旅であったに違いない。特に普陀山におもむき、潮音洞主に従って茶頭を勤めたことは、自己の将来を決定する契機（けいき）になった。隠元は後年そのことについて、「昔自分は普陀山を巡拝し、潮音洞大士の前で発心（ほっしん）し、三宝（さんぼう）（仏・法・僧）を正信した。これが出家を志願した初めである」と語っている（『松隠二集』巻第二）。故郷に帰った隠元は、母に勧めて仏につかえ、念仏を唱えさせているが、出家の志は当時すでに定まっていたのである。

二　出家・修業

出家の志を母にもらす

出家の志をいだいて帰郷した隠元は、その翌年二十五歳のとき、再び普陀山におもむいて出家したいとの希望を初めて母に打ちあけた。その際母は、「自分の余命はいくばくもない。自分が死んでからのちに出家してもおそくない」といって許さなかった。隠元はひとまず母の言に従って普陀山行きを思いとどまり、売買して生計を営むことにしたが、売買のことはもともと気乗りしなかったようだし、そのうえ、生きものを見ると必ず買い取って放ってやるというようなことをしていたので、年内に資本がほとんど尽きてしまったといわれる。一度は普陀山行きを思いとどまったものの、出家の念やみ難かった隠元は、二十六歳のときついに母を説得し、その許しを得て故郷を出発し、再度普陀山におもむくことになった。しかし途中福寧（福建省福寧府）に至ったとき、路費いっさいを盗み取られてしまい、やむをえず故郷にもどらなければならなかった。

出家の素願をとげる

出家の機縁に恵まれないのを嘆きながら、その後耕樵して母を養っていたが、二十八歳になったとき、母はこの世を去った。永福郷（福清県七郷の一つ）清遠里にある黄檗山萬福寺の諸僧を請じて葬儀をすませると、心にひかれる何ものもなくなった隠元は、いよいよ出家の腹をきめ、近くにある上逕の印林寺で黄檗山の僧鑑源興寿に会った。鑑源は、隠元が普陀山で出家したい希望をいだいていることを知り、「道を学ぶには必ずしも地をえらぶ必要はない。因縁（いんねん）のあるところがとりもなおさず道場である」とねんごろに諭し、黄檗山で出家するように勧めた。隠元は、普陀山にくらべると黄檗山が俗世間に近く、弁道に適しないと考えたが、「人は俗でも心が俗でなければよい」といわれ、なるほどとうなずいた。そして翌万暦四十八年（一六二〇）二月十九日に黄檗山で鑑源に従って落髪し、数年来の出家の素願をとげているのである。

出家当時の決意

出家は、二十九歳という思慮分別のじゅうぶんついている年ごろに、隠元みずからえらんだ道である。それだけに、出家したときの決心のほどは堅かった。この地で落髪した以上、もし仏行（ぶつぎょう）を精修せず、法門を興崇（こうすう）（おこしあがめる）しないようなことがあったら、生きながら地獄に落ちようと堅く心に誓っているのである。

募化

隠元が出家した当時の黄檗山萬福寺は、建物に大雄宝殿（仏殿）・方丈・蔵経閣・

択木堂がある程度にすぎず（後述）、隠元にいわせると、黄檗の道場は荒圯（荒れやぶれる）していた。そこで、出家すると隠元は間もなく化主（外に出て信家に寄付を募る役）になり、福清・莆田両県をあまねくめぐって募化（寄付を募る）した。その年の冬は、福清県城の東方二十華里にある海口鎮の瑞峰寺（塔寺）で、法師道亨の楞厳経の講説を聴聞したが、年が明けるとみずから進んで黄檗山の興修を志し、北京におもむいて募化しようとし、黄檗山をあとにして北向した。途中杭州（浙江省杭州府）に至ったとき、北京の警戒が厳重であるとの風聞を耳にしたので、しばらく方向を転じて紹興府（浙江省）会稽県の雲門山顕聖寺におもむき、湛然円澄（曹洞宗の僧）に参じて涅槃経の講説を聴いていた。同年六月、たまたま北京から杭州にもどってきた黄檗山の僧時仁（北京におもむいた理由は明らかでない）から招書が届いたので、顕聖寺を辞して再び杭州に行き、時仁と会った。その際時仁から北京の様子を聞き、募化のことはついに断念してしまうのである。

満州情勢の変化

隠元に募化を断念させた北京の事情は、満州における情勢の変化と関連している。万暦十一年（一五八三）仇敵に対して復讐戦を開始したヌルハチは、その後三十余年間の奮闘によって中部満州一帯を領有し、万暦四十四年正月興京において汗の位につき、国を後金と称し、天命と年号をたて（隠元二十五歳）、やがて鋒先きを遼東に向けて撫順以下の諸城を下し、進んで清河城を陥れた。後金の勃興に対して不安をいだいていた明朝はこの形勢を見て驚き、万暦四十七年（後金の天命四年）に大軍を派遣してこれを伐たせたが、瀋陽（奉天）に集結した明の大軍は、興京を目ざして進軍の途中サルホ（薩爾滸）山付近の戦いで惨敗し、次いで開原・鉄嶺も奪われ、二年後の天啓元年＝天命六年（一六二一）三月には瀋陽・遼陽が陥り、遼河以東の地がほとんどヌルハチの手中に帰してしまった。隠元が時仁と会って募化を断念したのは、瀋陽・遼陽が陥落してから三ヵ月後のことで、当時の北京は募化どころのさわぎではなかったのである。

時仁との問答

　募化を断念した隠元は、本来ならば時仁とともに黄檗山にもどるわけだったが、たまたま時仁との問答が動機となってかれと別れ、そのまま杭州から偏参の旅にのぼることになった。その間のいきさつを、「行実」は次のように記している。

乃ち仁師(時仁)に問う、経に依って義を解するは三世仏の寃、経の一字を離れば魔説に如同すと。如何か消釈せん。仁(時仁)云う、三十年後汝に向かって道わん。師(隠元)即ち私に忿る。意えらく、人を欺くこと太甚し。難道(どうして)這の両句の経、甚麼の会し難きこと有ってか三十年を待たんやと。便ち彼と同に山に回らず、偏処に参尋す。

隠元は後年当時のことを回想し、「三十年後汝に向って道わん、といった時仁の語は、自分にとって大いに力となった。もしあの際時仁が経文によって解説したならば、自分は偏参せず、黄檗山にもどったであろう。そうなったら、とても今日のようにはならなかった」と述懐しているが、当時は時仁との問答で憤然としてかれと別れ、諸方に偏参することになったのである。

嘉興・海塩両県の諸寺を訪う

隠元が訪れたのは、おもに浙江省嘉興府の嘉興県、特に海塩県の寺院であった。すなわち、時仁と別れた翌年の天啓二年（一六二二、三十一歳）春には、嘉興県の興善寺（県城の東南三十華里にある）、翌三年には海塩県鷹窩頂（鸚窩頂とも書く）の雲岫庵（県城の南三十華里にある）でそれぞれ法華経の講説を聴き、同年冬には海塩県の峡石山碧雲寺（県城の西五十華里にある）で楞厳経の講説を聴いており、四年には海塩県の張王廟（県城の西南四十五華里横山下にある）に宿り、次いで同県の秦駐山（秦住山とも書く）積善庵（県城の南方十八華里にある）を尋ね、庵主の景西に引きとめられて同庵に夏（夏安居）を過ごしている。

偏参当時の意気ごみ

興善寺で法華経の講説を聴いていたときのことであるが、講説が終わったあとで、隠元は住持の玄微に留められて檀越のために金光明経を読誦した。読経が終わって同寺を立ち去ろうとした際、布施が届くまでしばらく待つようにといわれたが、僧たるもの去るべき時には去る、わずかな利益のために束縛されようやといって立ち去り、玄微を歎服させている。偏参当時の意気ごみが、この一事にうかがわれるように思われる。

講経聴聞に疑問をいだく

出家以来隠元は各所で仏典の講説を聴いていたが、やがて講経聴聞に疑問をいだくようになった。碧雲寺で楞厳経の講説を聴いていたとき(三十二歳)、隠元は禅友の慈然と経中の意義に論及し、「要するに大切なことは、勇猛精進して徹底した問題に触れることである。さもなければ永久に無益である」と言い切っている。そして、たまたま台州府(浙江省)天台県の天台山通玄寺(有名な国清寺の北二十五華里にある)に臨済宗の高僧密雲円悟がおることを聞き、同寺におもむいて密雲に参じ、もし機縁が契えば依住して生死の大事を究明しようといい、慈然の賛同をえているのである。

密雲円悟に参見す

隠元が参見しようとした密雲円悟は、幻有正伝の法嗣で、万暦四十二年(一六一四)二月幻有示寂のあとをうけて江蘇省常州府宜興県の竜池山禹門院に進み、次いで天啓二年(一六二二)十二月天台山通玄寺に移り、同四年五月(一六二四)檀越の蔡子穀に請ぜられて、嘉興府(浙江省)海塩県の金粟山広慧寺に進んだ(『天童密雲禅師年譜』『密雲禅師語録』)。たまたま海

密雲円悟画像（黄檗山蔵）

心同虚空界、示同虚空法、
証得虚空時、無是無非法。
天童円悟

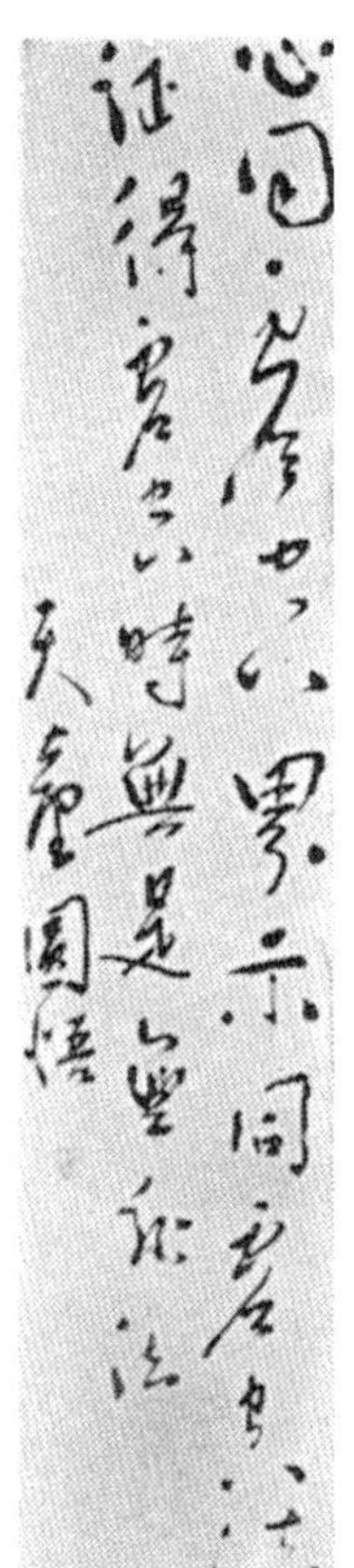

密雲円悟筆蹟

（東京都墨田区向島5丁目・弘福寺蔵）

塩県の積善庵から天台山におもむこうとしていた隠元は、近くの金粟山に密雲が入寺したことを聞き、わが所願にかなうと大いに喜び、直ちにおもむいて密雲に参見した。

金粟山広慧寺

密雲の入寺した金粟山広慧寺は、海塩県城の西南三十六華里にあり、呉の赤烏(せきう)年間(二三八―二五〇)に康居(西域の国名)の沙門僧会(しゃもんそうえ)が建てたといわれる古刹で、初め施茶院といわれたが、北宋の大中祥符(しょうふ)元年(一〇〇八)に広慧禅院と改称した(『海塩県図経』)。明(ミン)の中ごろまでは伽藍も整い盛んだったようであるが、密雲の入寺した当時は天王寝殿を除いてみな民居となり、破屋敗椽(はいえん)僧食も継(つ)ぎかねるありさまであった。しかし密雲が住するようになると、数年の間に殿堂寮舎が造建整備され、僧衆も入寺した年の冬には百人、翌天啓五年(一六二五)には三百人、六年には五百人、七年には七百人と増加し、大禅林となった。しかも住持密雲は、臨済(義玄)・徳山(宣鑑)の例にならってしきりに棒喝(ぼうかつ)を行(ぎょう)じ、あるいは胸(むな)ぐらをとらえ、あるいは踏み倒し、弟子たちをして智解・情識を弄するいとまなからしめるという接化手段を用いており、弟子たちもまた意気軒昂で制御し難いものが多く、金粟の宗風日に浩々として天下に聞えるようになった（『天童密雲禅師年譜』）。隠元はこのような金粟山で、本格的に禅の修業をつむことになったのである。ときに三十三歳、後金国でいえばヌルハチの遼陽遷都後二年、日本でいえば三代将軍家光の襲職した翌年にあたっている。

密雲の開示

金粟山における隠元の禅的体験をみると、まず密雲に参見した当時のことについて、「行実」には次のように記されている。

金粟に到り和尚（密雲）に参見す。問う、学人初めて禅門に入る、未だ做工夫（工夫のしかた）を知らず。和尚の開示を求む。和尚云う、我が這裏（自分のところ）工夫の做す可き有ること無し。行かんと要すれば便ち行き、坐さんと要すれば便ち坐し、臥さんと要すれば便ち臥す。師（隠元）云う、蚊子多くして臥すことを得ざる時如何。和尚云う、一巴掌（ぴしゃっと打ち殺せ）。

密雲から「一巴掌」といわれて、隠元は礼して退き、七昼夜間断なく工夫をこらした。そして七日目の午後、密雲が康祖堂（金粟山の開山堂か）の前を通っているのを頭をもたげて一見した瞬間、一巴掌の意を会得し、直ちに進んで密雲と問答をかわしたが、これより自己本具の仏性を把握（はあく）して疑情なく、常に元気はつらつとしておった。

法の源底に徹す

天啓五年（一六二五）三十四歳になった隠元は、金粟山の禅堂におったが、夜坐（やざ）（初夜の坐禅）から明け方に至るまで横臥せず、夜がふけ他の者が寝静まるころ衣をかけて仏を礼し、ならびに東西の大衆（だいしゅ）を礼するという精進（しょうじん）ぶりを示していた。天啓六年冬、金粟山の大衆は五百人に満ち、五峰如学（にょがく）（密雲の法嗣）が西堂（せいどう）（他山の尊宿）になっていた。一日五峰と問答をかわしたのち、憤々として心穏かでなかった隠元は、ひたすら工夫をこらして人あることも自己あることも忘れていたが、次の日の朝課（朝のつとめ）に維（い）那（のう）（衆僧の威儀をつかさどる役）の鳴らした磬（けい）の一声で初めて吾にかえった。それから三日目の午前に、忽ち窓外から一陣の風が吹き入った瞬間、豁然として大悟しているのである。大悟したのちの禅僧隠元の面目は、次に示す五峰如学との問答商量に躍如としているように思われる。

五峰との問答商量

淑知（続知とも書く）師、師（隠元）の所得を知り、五峰に謂って云う、此の子徹せりと。乃ち寮に呼び進めて云う、汝悟処有りと、試みに道え、看ん。師云う、道うは即ち難からず、只恐らくは群を驚かし衆を動ぜん。峰（五峰）云う、但説け、何ぞ妨げん。師、斛斗を打して（とんぼがえりして）出ず。峰云う、真の獅子児善く哮吼す。

以上みてきたように、隠元は密雲に参見してから二年数ヵ月後の天啓六年冬に三十五歳で法の源底に徹し、禅僧として立派にできあがっている。天啓六年といえば、その前年後金国のヌルハチは遼陽から瀋陽（奉天）に都を遷して盛京と称し、一挙に山海関の突破を企てて遼西に侵入し、この年正月寧遠城を囲んだ。しかし城中から放たれた西洋砲の威力に悩まされて城を下すことができず、ついに撤兵し、六十八歳を一期（いちご）に八月病死（諡号太祖）し、二代太宗がそのあとを嗣いでいる。このような満州の情勢が、金粟山にまで伝わってきたかどうか明らかでないが、たとえ伝わってきたとしても、修禅弁道に専念していた当時の隠元にとっては、恐らく問題外のことだったろうと思われる。

頌古社で大衆に名を知られる

大悟徹底し、禅僧として立派にできあがった隠元は、その名をまだ大衆（だいしゅ）に知られないままに、やがて火頭（かじゅう）（火を焼くことをつかさどる役）に転じた。隠元の名が金粟山の大衆の間に広く知られるようになるのは、翌天啓七年（一六二七）の夏、金粟山の大衆が淑知（しゅくち）の首唱で頌古社（じゅこ）（頌古の会）をつくり、三日に一度ずつ古則を頌（じゅ）して方丈に呈することになった際、隠元の頌した三十則のうち二十七則が密雲から点出され、一衆を歎服させてからである。

崇禎（すうてい）元年（一六二八）金粟山で授戒会（え）が開かれたとき、隠元は証戒阿闍梨（しょうかいあじゃり）（受戒を証明する僧、証明師）

を勤め、翌年正月解制（結制を解く）とともに金粟山を辞し、初夏に嘉興府（浙江省）嘉善県の狄秋庵を訪れ、戒子（受戒の弟子）無辺に請われて同庵に夏を過ごした。庵のかたわらに銭相国（相宰）の書院があり、日々公子らの訪問をうけてかれらの問道に答えており、なお在庵中に浄土の詩十二首をつくり、戒徒・檀信らと念仏放生会を行なっているが、隠元の行なった法会としては、これが最初だったようである。

狄秋庵に夏を過ごす

密雲に従って黄檗山に帰る

隠元が狄秋庵における間に、密雲円悟は同年八月、福州府福清県の黄檗山萬福寺の耆宿（老年で弁道久しい者）・檀信らの訪問をうけ、黄檗山に住するよう懇請されて応諾し、黄檗山におもむく際同伴するつもりで、書信を送って隠元を招いた。書信に接した隠元は、狄秋庵から再び金粟山にもどり、冬安居（冬期九十日間一所に定住して静かに道業を修すること）には知浴（浴場いっさいのことをつかさどる役）を勤め、余暇には旧友とともに詩偈をつくりなどしていた。かくて翌崇禎三年（一六三〇）の春三十九歳になった隠元は、密雲に随従して金粟山を離れ、三月十八日に黄檗山に入った。天啓元年（一六二一、三十歳）に黄檗山を離れてから、あしかけ十年ぶりで再び黄檗山の門をくぐったのである。

三　獅子巖静住と嗣法

募化のため南行す

崇禎(すうてい)三年(一六三〇)三月十八日黄檗山に入った密雲円悟は、同月二十七日に晋山(しん)(進山)し、四月十五日に開堂(法堂を開いて講経演法すること)した(『密雲禅師語録』)。他方、隠元は密雲の命をうけ化縁簿(けえんぼ)(寄付簿)を所持して南行し、五月漳州(しょう)(福建省漳州府)に至り、大司憲(官名)王東里(諱は志道)に会って密雲入寺の様子を述べ、七月潮州(広東省)におもむいて一草庵に寓した。しかし、その衣服の粗末なのを見て、庵主が黄檗山の僧であることを疑って取り合わなかったので、一ヵ月余り滞在したがついに化縁(けえん)(寄付)成らず、二偈(げ)を残して草庵を辞した。漳州にもどって、八月初めに密雲が黄檗山を退き金粟山に帰ったことを知り、けっきょく空手で黄檗山に帰っているのである。

獅子巖に住す

崇禎四年四十歳になった隠元は、龔夔友(きょうきゅう)・夏象晋(かしょうしん)らに請ぜられて獅子巖(ししがん)に住した。獅子巌は、福清県城の西二十華里にある石竹山の近くにあり、獅子峰・梅陰洞・鸚嘴石・臥雲牀・蘿門径・蔦松堦・石壁榕・翠石屏・擲珠泉等の景に富み、険しい岩壁が高くそびえて別天地をなしていた（『獅子巌志』）。隠元はこの獅子巌の下院に三年間住し、その間に良哉・良冶（楽性）・良者（大眉性善）らの剃度の弟子と力をあわせ、下院前に甘藷・蔬菜類を植え、あるいは禅余に茶を煮て下院後の梅陰洞に坐し、夏象晋・龔夔友の二居士を招いて吟遊するほかは訪れる者もまれで、簡素ではあるが自適な生活を送っていた。しかしやがて費隠通容に請ぜられ、黄檗山の西堂になるのである。

そもそも隠元が、初めて費隠の名を聞き心ひそかにこれを慕ったのは、紹興府（浙江省）会稽県の雲門山顕聖寺で涅槃経の講説を聴いていた三十歳のときのことである。費隠は福清県孝義郷江陰里の生れで、十四歳のとき鎮東衛（福清県城の東方十華里にある）の三宝寺で剃髪した。天啓二年（一六二二）三十歳のとき、密雲円悟の竜池録・頌古二冊を読んでその優れた禅僧であることを感じたが、たまたま密雲が紹興府会稽県の吼山(または曹山)護生庵に留錫していることを聞き、雨をおかして参見し、一宿して辞去した。そののち天啓五年(三十三歳)茶洋山に庵を構えて住すること三年、同七年に鼓山(福州府城の東三十華里にある)に居を移し別峰庵を構えて住し、次いで崇禎二年(一六二九、三十七歳)金粟山広慧寺に入って侍司寮(侍者の居室)に進んだ(『径山費隠容禅師紀年録』)。

費隠通容画像（黄檗山蔵）

『径山費隠容禅師紀年録』によると、費隠はそののち崇禎三年春閩(福建省)に帰り、居ること半

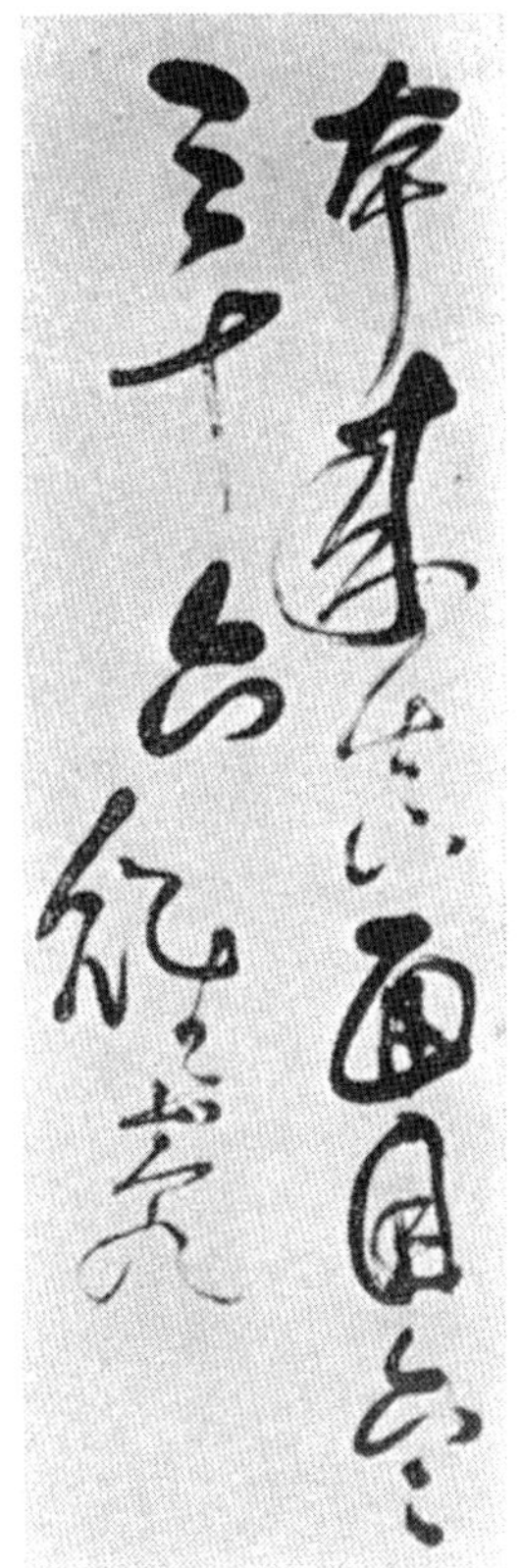

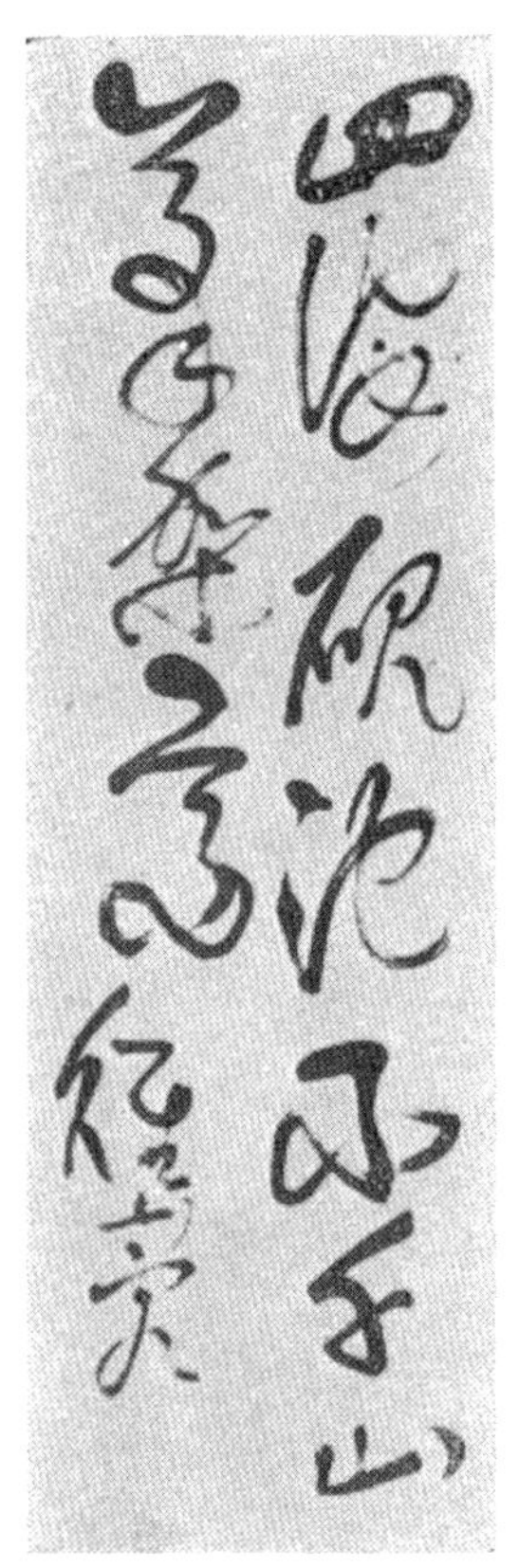

費隠通容筆蹟（黄檗山蔵）

本来真面目、六々
三十六。径山容

四海硯池小、千山
筆架高。径山容

歳余、福清県の僧俗の要望にこたえて密雲を黄檗山に請ずるため、僧隆瑞・居士林杰夫らとともに再び金粟山におもむいた。同年冬西堂となり、翌崇禎四年春密雲に従って黄檗山に入り、同年七月十五日に密雲の法を嗣いだという。密雲が黄檗山に入寺したのは崇禎三年三月であって（既述）、『径山費隠容禅師紀年録』の右の記事には、年次のうえに錯誤がある。それはともかくとして、隠元が密雲の招書に接して狄秋庵から金粟山にもどったとき、費隠は金粟山におった。同年冬結制の際費隠は西堂、隠元は知浴になっていて互いに交渉をもち、翌年春にはともに密雲に随従して金粟山を離れ、黄檗山に入っているのである。

黄檗山の西堂になる

密雲は、崇禎三年八月一日黄檗山を退いて金粟山に帰った。その際費隠は密雲を送って建寧府（福建省）の浦城県に至り、そこで密雲と別れ、蔡恪恭に請ぜられて浦城県昭文郷登雲里の馬峯院に住した。次いで紳衿（士大夫の郷党におるもの）林朝竜・薛秉鉉・陳治安・林有喜・林正立・夏春暉・呉承啓・龔士竜らに請ぜられ、六年十月五日黄檗山に入寺した（『費隠禅師語録』）。獅子巖に住していた隠元は、その際費隠に請われて黄檗山の西堂になっているのである。

住持費隠と西堂隠元の呼吸はよく合い、費隠入寺の二―三ヵ月後に、隠元は費隠の法を嗣いでいる。嗣法の機縁をみると、まず次のような問答が両者の間に行なわれたことが「行実」に記されている。

和尚（費隠）上堂、師（隠元）即ち問う、打着せよ昔時旧痛の処、今に於て猶恨む棒頭の軽きことを。請う師末頭の一頓（二十棒）。師（費隠）打して云う、旧瘡瘢（古傷）上に艾（もぐさ）を着く。進んで云う、恁麼ならば則ち徹骨徹髄し去れり。師（密雲）曰く、如何なるか是れ汝が徹底の意。進んで云う、時清うして唱うることを休む太平の歌。和尚曰く、秖一半を引き得たり（半分だけわかった）。師（隠元）即ち礼謝す。

かかる問答があってのち、一日諸禅人が、「百丈（大智）再び馬祖（道一）に参ず。一喝するに三日耳聾す。黄檗（希運）これを聞いて覚えず舌を吐く（驚嘆する）」因縁を頌した。

費隠に嗣法す

隠元は見て感服せず、次の一偈を頌して費隠に呈した。

一声の茶毒聞くもの皆喪す。
偏野の髑髏蔵すに処没し。
三寸舌伸ぶ安国の剣。
千秋凛凛として霜よりも白し。

費隠はこの偈を法堂の前に張り出して大衆に示し、法鼓を鳴らして法堂に陞り、一枝の払子を示して隠元と問答商量し、次いで方丈においてこれを付与した。かくて、隠元は費隠の法を嗣いだのである。この嗣法を『黄檗隠元禅師年譜』は崇禎六年(一六三三)冬、『普照国師年譜』は崇禎七年正月のこととしている。前者によれば隠元は四十二歳、後者によれば四十三歳で一つ

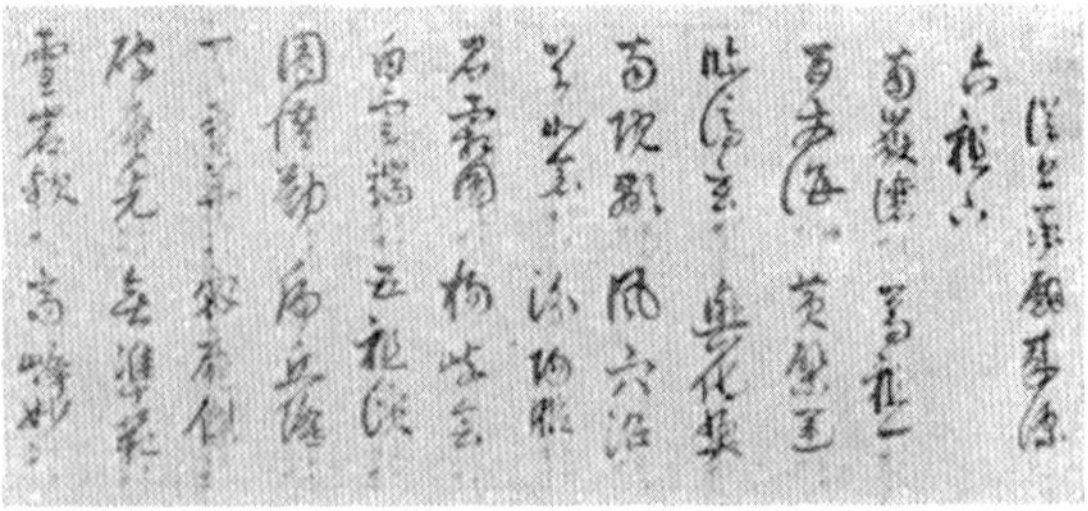

(黄檗山蔵)

年下の費隠の法を嗣いだことになる。費隠はその寂するまでに六十四人の嗣法者（居士六人・尼一人を含む）を打ち出しているが、隠元は実にその最初の法嗣となったのである。ちなみに、隠元が費隠から源流（嗣書。嗣法の証として師から弟子に授けられる系譜）・法衣を送られたのは、崇禎十年（一六三七）四十六歳のときである。

臨済以後の法系

隠元は南岳懐譲から数えると伝曹溪正脈三十六世、臨済義玄から数えると臨済正伝三十二世となり、臨済宗楊岐派（くわしくは楊岐派の中の虎丘派）の系統に属している。臨済義玄以後の法系を示すと、

臨済義玄―興化存奨―南院慧顒―風穴延沼―首山省念―汾陽善昭―慈明楚円―
―楊岐方会―白雲守端―五祖法演―仏果克勤―虎丘紹隆―応庵曇華―密庵咸傑―

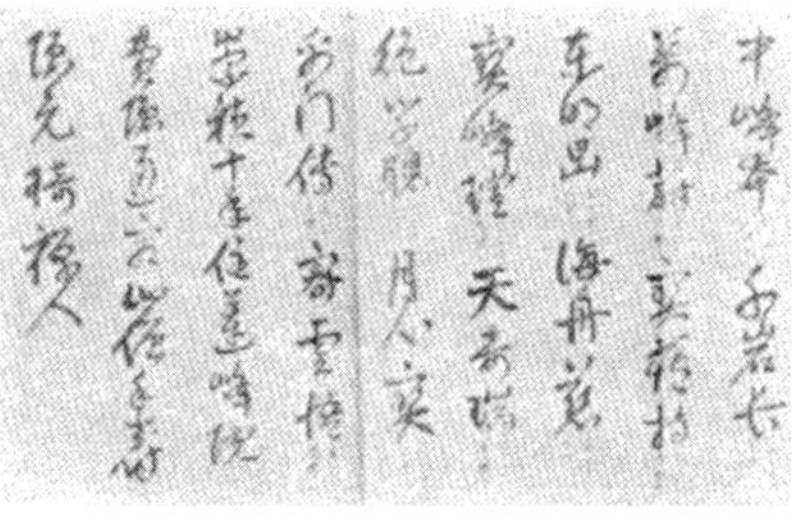

隠元所受の源流

破庵祖先―無準師範―雪岩祖欽―高峰原妙―中峰明本―千岩元長―萬峰時蔚―
宝蔵普持―東明慧旵―海舟普慈―宝峰妙瑄―天奇本瑞―無聞明聡―笑巌徳宝―
幻有正伝―密雲円悟―費隠通容―隠元隆琦

となる（『黄檗宗鑑録』）。

獅子巖に帰住す

隠元が黄檗山の西堂になっていたのは、崇禎六年十月から翌年正月までの間、すなわち黄檗山における冬安居の期間中で、それがすむと二月に黄檗山を辞して巖子巖に帰住している。帰住後、隠元は龔虁友の助けをえて遼天居を翠石屛の前に構え、冬竣工して下院から同所に移っている。以来遼天居に住すること三年、さきに下院に住したときと同様に、簡素ではあるが自適な生活を送っていた。

獅子巖静住の期間

隠元が獅子巖に住したのは、崇禎四年（一六三一）・四十歳から同十年（一六三七）・四十六歳までの前後七年間で、その中間に黄檗山の西堂になり、費隠に嗣法していることは、以上みてきたとおりである。この七年間は、わが国では三代将軍家光の寛永八年から同十四年までの間で、邦人の海外渡航ならびに海外在住邦人の帰国が厳禁され、中国船の入港も長崎だけに限られ、さらに長崎に出島を築いてポルトガル商人をここに移すというように、鎖国体制が強化される一方、参勤交代の制度が確立して、大名の統制が一段と強化されたときである。後金国でいえば、二代目の太宗が大兵を率いて東蒙古のチャハール（察哈爾）部を攻め、首長林丹汗を遠く西方に走らせ、満州・東蒙古を領有して国号を清と改め、崇徳と改元し（一六三六）、以後明朝を圧倒してこれに代ろうとする意図を示したときである。このような東北方の緊迫した情勢が、獅子巌にまで伝えられたかどうか明らかでないが、隠元にとってはこの七年間は、いわば聖胎長養（悟後の修養）の期間ともいうべく、内面的に自己を深め、やがて宗教界に活動する素地がこの間につくられたとみることができる。

第二　古黄檗在住

一　古黄檗住山

黄檗山に進む

崇禎（すうてい）六年（一六三三）十月黄檗山に進んだ費隠通容は、崇禎九年春黄檗山を退き、福建省建寧府の地蔵院で夏（げ）を過ごし、七月二十五日に建安県（建寧府）の蓮峰院に進んだ（『費隠禅師語録』）。かくて黄檗山が空席になったので、同年夏黄檗山の耆旧（ききゅう）や檀越（だんのつ）の侍御（官名）林心弘らは、当時獅子巖（ししがん）におった隠元に黄檗山の継席を懇請した。次いで翌十年五月には、侍御林汝翥（じょしょ）が郷紳（きょうしん）（退官した官吏で郷里に居住し勢力あるもの）林守賑（しん）・林朝竜・文学（官名）林景台・林守穏・林伯春・林正立・夏春暉（き）・龔（きょう）士竜・呉承啓・林茂輝・林士竜・林鼎（てい）新・林茂枝・林廷棟（ていとう）および僧俗と書信を発して丁重（ていちょう）に請じた。そこで隠元はこれに応じ、同年十月一日黄檗山に入寺し、即日祝国開堂を行なった(『隠元禅師語録』)。ときに遠近の雲衲(雲水僧)風を望んで至るもの数百人、密雲円悟は浙江省寧波府鄞県の天童山景徳寺に拠り、費隠通容は浙江省温州府永嘉県の法通寺を董し、隠元は黄檗山をつかさどって三代同時に道を唱え、法門の盛事と称されたという。隠元四十六歳、二十九歳で黄檗山に出家してから十七年後のことである。日本でいえば、島原の乱がこの月に起っている。

明末に活躍した僧侶

　三代同時に道を唱え法門の盛事と称されたということは、必ずしも誇張の言ではなかったようである。そもそも明末の僧侶で著名なものには、達観真可(紫柏大師)・雲棲袾宏(蓮池大師)・憨山徳清らがおったが、達観真可は万暦三十一年(一六〇三、隠元十二歳)、雲棲袾宏は同四十三年(一六一五、隠元二十四歳)、憨山徳清は天啓三年(一六二三、隠元三十二歳)にそれぞれ寂している。なお明末に曹洞宗を振起したものに無明慧経・湛然円澄・無異元来らがおったが、無明慧経は万暦四十六年(隠元二十七歳)、湛然円澄は天啓六年（隠元三十五歳）、無異元来は崇禎三年（一六三〇、隠元三十九歳）に寂している。かれらのあとをうけて活躍したものに曹洞宗の永覚元賢、天台学徒であるとともに浄土教徒であり、戒律・法相・禅の復興者でもあった藕益知旭らがあり、かれらと並んで臨済の宗風を唱え、しきりに棒喝を行じ諸方を睥睨していたのは、密雲円悟とその法嗣費隠通容である。隠元はこの密雲を師翁（師の師）とし、費隠を本師（嗣法師）として、福建省の古刹黄檗山萬福寺の住持となったのである。

黄檗山萬福寺

隠元の住した黄檗山萬福寺は、福建省福州府福清県永福郷清遠里（福清県城の西南三十五華里）にあり、大帽峰・小帽峰・宝峰・屛幛峰・紫微峰・天柱峰・五雲峰・報雨峰・吉祥峰・絳節峰等の諸峰に囲まれ、頭陀岩・蟒洞・三台石・飛来石・釣台石・屛石・鼓石・界石、九淵潭・石門溪・大溪・小溪・羅漢泉・般若泉等の奇岩怪石溪泉に富む幽邃境に建てられていた（『黄檗山寺志』）。わが山城宇治（京都府宇治市）の黄檗山萬福寺と区別して、檗僧（黄檗派の僧）の間には古黄檗（略して古檗）、あるいは唐黄檗といわれていた。以下

古黄檗の盛衰

本書では便宜上、古黄檗とよぶことにする。

古黄檗の由来を尋ねると、唐の太宗の貞観五年（六三一）に六祖慧能の法嗣正幹の開創した寺で、初め般若堂とよばれていた。唐の徳宗（在位七七九―八〇四）のとき勅によって建徳禅寺と改称され、宋代には盛んな寺であった。元代になって衰えたが、明の洪武二十三年（一三九〇）住持大休のとき、莆陽（興化府莆田県）の檀越周心鑑の寄進によって法堂・大雄宝殿・天王殿・伽藍堂・祖師堂・山門・香積厨・転輪蔵・十方寮舎が整備され、寺田も寄せられて再び盛んになった。しかしそののち世宗の嘉靖三十四年（一五五五）に倭寇の変によって伽藍寮舎がほとんど焼かれてしまい、穆宗の隆慶年間（一五六七―七二）に中天正円が住した当時は、わずかに二―三間の小屋が存するにすぎなかった。中天は苦心してこれを守り、かつ復興を志して、万暦二十九年（一六〇一、隠元十歳）老軀をひっさげて奮然北京におもむき、一切蔵経の下賜を神宗に奏請し、北京に留まること八年余、六十九歳ついに病んで都の長栄茶庵で寂した。そののち法孫の鑑源興寿（かんげんこうじゅ）・鏡源興慈（きょうげんこうじ）の両人がその素志をつぎ、懇請すること六年、万暦四十二年（一六一四、隠元二十三歳）に相国（宰相）葉文忠が代わって奏請し、ついに神宗から一切蔵経六百七十八函とその運搬の費用三百両を下賜されることになった。その際、寺名を萬福禅寺と改称しているのである（『黄檗山寺志』巻二・萬福禅寺）。

古黄檗の復興

一切蔵経を下賜された翌年、鑑源・鏡源の両人は伽藍の復興をはかり、法堂（はっとう）の旧址に大雄宝殿を建て、大雄宝殿の前廊の下に月台（げったい）（堂外で法要を行う場所）を築き、月台の南に蔵経閣を構えて一切蔵経を収蔵し、また大雄宝殿の東に択木堂（たくぼくどう）を構えて葉文忠の像を安置し、西に旧仏堂を移して方丈とした（同上）。鏡源は万暦四十六年正月（二十五日）、鑑源は天啓六年（一六二六、隠元三十五歳）正月（十日）に寂した。隠元が万暦四十八年（七月泰昌と改元）二月、この鑑源に従って古黄檗で落髪したことは既に述べたとおりである。

鏡源・鑑源の寂後崇禎（すうてい）二年（一六二九、隠元三十八歳）、隆宓（りゅうびつ）・隆瑞らによって大雄宝殿の左右に東西客堂が建てられた。この年、隆瑞は費隠通容・居士林杰夫（けつぷ）らとともにに金粟山広慧寺におもむいて密雲円悟を請じ、翌崇禎三年三月密雲入寺して八月に退院し、次いで同六年十月から同九年春まで費隠通容が住した(既述)。ここに祖道回復し、遠近の衲子風を望んで集まり、古黄檗の宗風再び振うようになった。しかし古黄檗が真に大禅林となるには、隠元の住山を待たなければならなかったのである。

一切蔵経の開閲と中天祖塔の修造

本師費隠通容のあとをうけて古黄檗に住した隠元は、入寺した年の十二月に、臥雲庵(仏座峰の間、必翁塔の前にある)の周囲に数万株の松を植え、万松庵と額を改めた。翌年の春には千日間を限って一切蔵経を開閲し、中天正円の徳に報いるとともに神宗の賜蔵の恩にこたえ、冬には中天祖塔を修造し、かたわらに梅福庵を構えて内に中天・諸耆旧の位牌を祀っている。隠元は中天や鑑源・鏡源らの請蔵の苦心を語るごとに、惻然としてむせび泣いたといわれる。かような心情があって初めて以上の挙に出られたというべきであろう。ちなみに閲蔵は崇禎十三年(一六四〇)中に終わ

費隠住山当時の古黄檗の建物

り、翌年正月解制の日に閲蔵円満上堂を行なっているのである。

一切蔵経の開閲もさることながら、古黄檗住山中に隠元が力を注いだのは、伽藍の重興である。崇禎八年十二月、すなわち費隠通容住山の末年に陳玄衮の描いた古黄檗図(挿図参照)を見ると、古三門・天王殿・寺門・蔵閣(蔵経閣)・大殿(大雄宝殿)が一直線上に並び、大殿の左方に東客堂と択木堂、右方に西客堂と方丈、大殿の左前方に禅堂、右前方に斎堂、寺門の左前方に鐘楼、右前方に鼓楼、天王殿の左前方に伽藍堂、右前方に祖師堂、外拱橋内に覧秀閣、

11年序刊『黄檗寺志』所収）

橋外に環翠亭(かんすいてい)、古三門内に紀遊亭が描かれている。右の図は隠元住山一年後の、崇禎十一年十月十五日の序ある『黄檗寺志』(巻三)に収められているが、同書の本文中の説明を見ると、三門・古伽藍祖師堂・天王殿・覧秀閣・古香積厨ともに「今は廃す」とある。これらの建物は、隠元の入寺後しだいに取り壊されていったものと思われる。

古黄檗の重興

隠元は崇禎十二年(一六三九、四十八歳)の春、伽藍重興のために多くの化主(けしゅ)を送り出した。そして翌年大雄宝殿を旧址に重建し、従来の大雄宝殿を法堂(はっとう)に改め、蔵経

崇禎8年，古黄檗図（崇禎

閣を西廊の後に移し、雲厨の前に斎堂を構えたのを始めとして、同十六年までの間に殿・堂・楼・閣・寮・房の興造をほぼ終わっている。隠元の弟子独往性幽の重修した『黄檗山寺志』(巻八)には、古黄檗の建物として、方丈・択木堂・大雄宝殿・法堂・禅堂・学事堂・雲水堂・応供堂・蔵閣・鐘鼓楼・刷印楼・庫司寮・東廊・西廊・首座寮・西堂寮・書記寮・知客寮・化主寮・典座寮・雑務寮・什物寮・行堂寮・米房・碓房・茶房・小菜房・園房・田房・圊房・浴房・直牲房・牛房・三門・紀遊亭・茶亭を挙げている。『黄檗山寺志』には順治九年(一六五二)の隠元の序、同十年正

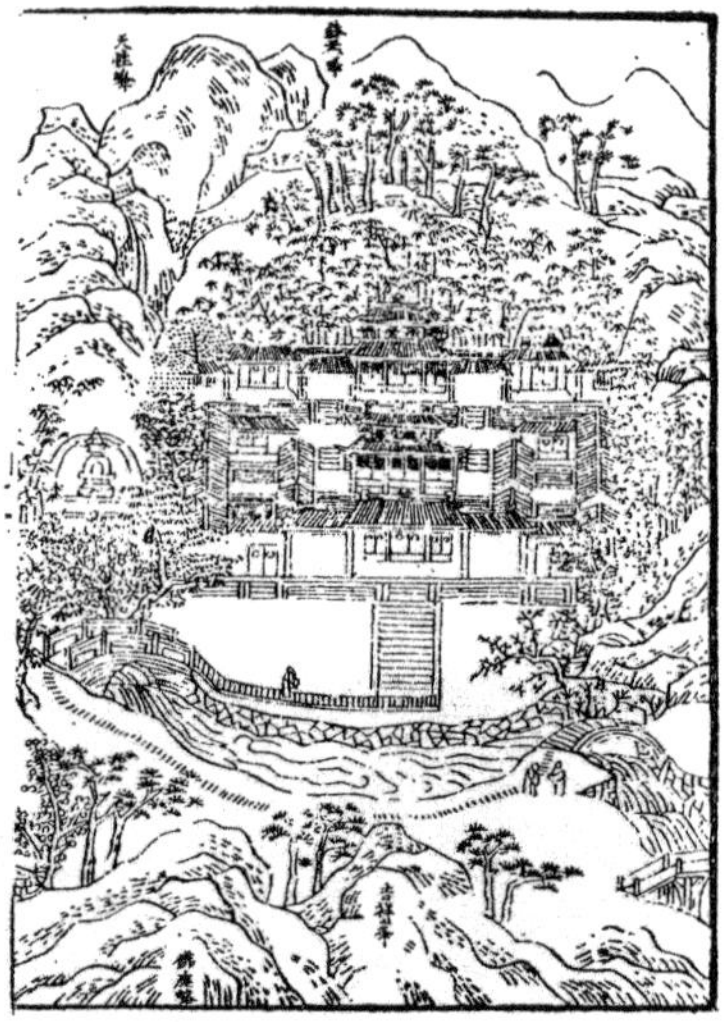

(『黄檗山寺志』所収)

順治10年，古黄檗図

月に謝図南の描いた古黄檗図(挿図参照)を載せており、隠元東渡の前年に開版されたものと思われる。隠元が退院し、法弟亘信行弥が入寺した崇禎十七年(一六四四)の冬に「左右両廊を殿の前に構え、伽藍・祖師を祀る」とあり、以上挙げた建物の中にも、崇禎十六年以後に建てられたものもあるかと思われるが、その大部分は同年までに整備されたとみて差支えないようである。とにかく隠元の重興によって、古黄檗の面目が煥然として一新したことは明らかである。

隠元は順治二年(一六四五)竜泉寺において記した規文(『隠元禅師語録』巻第十六・雑著所収)の中で、「余愧らくは不肖、住持八載、諸衲子と同に恢復鼎建艱辛万状、身有ることを知らず、名有ることを知らず、屢々無根の謗を受くるも、亦此の法席の為めの故なり」と述べている。隠元が非常な意気込みで古黄檗の伽藍寮舎の重興に当り、弟子たちとともに苦心経営した様子を想像することができる。

隠元が重興した古黄檗の建物のうち刷印楼について一言すると、ここには万暦四十四年(一六一六)から崇禎八年(一六三五)までの間、すなわち隠元の入寺以前に開刻された四十二章経・黄檗希運禅師心要・梵本普門品・梵本梵網戒経・禅関策進・梵本薬師経・禅林課誦・小法数・密雲和尚語録・毘尼日用・虎丘隆和尚語録・禅燈世譜・費隠和尚語録・心経断輪解・祖庭鉗鎚録・白雲端和尚語録・三教平心論等の板木のほかに、隠元和尚語録・隠元禅師又録・雲濤集・禅林宝訓・石室語録・龐居士語録・四分戒本等、隠元の入寺以後に開刻された板木を蔵し、常に刷印者が住し、四方の需めに応じて版行流通しておったのである(『黄檗山志』『黄檗山寺志』)。

密雲円悟示寂

古黄檗の重興が終りに近づいた崇禎十五年（一六四二、五十一歳）、隠元にとって悲しむべきことが起った。それは密雲円悟の示寂したことである。密雲は崇禎三年八月一日古黄檗を退き、十月金粟山広慧寺に帰ったが、やがて同寺を辞し、翌崇禎四年二月三日、司理（官名）黄端伯・檀越王道元・祁彪佳に請ぜられて浙江省寧波府鄞県の鄮山阿育王広利禅寺に進み、次いで同年四月三日、司理黄端伯・檀越徐之垣・徐有杞らに請ぜられて同じく鄞県の天童山景徳禅寺に進み、前後十一年同寺に住して崇禎十四年九月に退院し、翌年正月浙江省台州府天台県の天台山通玄寺に移り、同年七月七日に七十七歳で同寺において寂している。剃度の弟子三百人、嗣法の門人に五峰如学・漢月法蔵・破山海明・費隠通容・石車通乗・朝宗通忍・万如通微・木陳道忞・石奇通雲・牧雲通門・浮石通賢・林野通奇の十二人がおった（『密雲禅師語録』『天童密雲禅師年譜』）。密雲示寂の報に接した隠元は、さっそくこれを祭り、哀悼の意を表した。以後諱日に会うごとに、必ずまごころをつくして供物を献じ、法恩を忘れなかったのである。

語録の開刻

他方、崇禎十五年には、初めて隠元の語録が開刻されている。『普照国師年譜』崇禎十五年壬午の条に、「黄檗語録二冊を刻む。晋昌の大中丞唐世済及び山陰の孝廉王谷序を為る」とあるのがそれである。隠元の語録で開版されたものは二十種類ほどあり、そのうち『普照国師広録』(巻三十)を除き、他はいずれも生前に版行されているが、崇禎十五年の語録は最初のものであるだけに、隠元にとっては忘れ難いものだったろうと思われる。

無得海寧に付法す

語録開刻の翌年、すなわち古黄檗の重興の終わった年に隠元は無得海寧に付法し、最初の法嗣をもつことになった。無得海寧は隠元より十四歳年下で、崇禎三年(一六三〇)二十五歳のとき古黄檗に入り、以後密雲・費隠・隠元の会下にあり、崇禎十三年(一六四〇)冬安居の節は擢んでられて西堂になった。同十六年(三十八歳)潮州(福建省潮州府)の鳳棲寺住持に請ぜられ、同寺におもむく際、隠元から大法を付せられているのである（『檗宗譜略』巻上・玉象山竜華寺無得寧禅師伝）。

宰官居士の問道の書に復す

古黄檗に住して以来隠元の道望は四方に広まっていき、問道の書を寄せてくる宰官居士が多くなってきた。崇禎十一年（一六三八）の冬には海澄（福建省潮州府海澄県）の曾文長居士、同十二年冬には処州（浙江省処州府）の司理（官名）凌鏡汭、同十三年冬には王鼓思・龔天目の二居士、同十五年冬には池不凋居士、同十六年には漳州（福建省漳州府）の曾紹経居士から問道の書が寄せられている。これらに対してはそれぞれ復書を発するとともに、大衆接化の余暇には題讃・詩偈・序等を作っていた。

初住期の僧衆と大衆接化

隠元は古黄檗に前後二回住しているが、初住期は崇禎十年（一六三七）十月から同十七年春までの六年数ヵ月間である。わが国でいえば、この期間に島原の乱についでポルトガル人の来航が禁止され、平戸のオランダ商館を出島に移して鎖国が完成している。当時古黄檗の僧衆がどのくらいおったか、はっきりはわからないが、隠元の詩偈中に「頑徒三五百、乾爆一条腸」（『隠元禅師語録』巻第十三詩偈・化斎糧）とあるのをみると、冬安居の節には三－四百人の雲水が集まっていたように思われる。隠元としては四十六歳から五十三歳までの意気盛んなときであり、大衆の接化にはかなり機鋒の鋭いところを見せていた。一日弟子の慧門如沛が南泉斬猫の話（『碧巖集』第六十三則）を問うて、声未だ終らざるに一踏に踏み倒された（『檗宗譜略』巻上・圭峰報親寺慧門沛禅師伝）如きその例であり、『黄檗隠元禅師語録』（上下二巻）の「問答機縁」にも、あるいは押し倒され、あるいは踏み倒されている僧の例が示されている。

初住期中に、隠元は前後四回他行した。まず崇禎十二年（一六三九）の冬、夏春元に請ぜられて福清県観音山の竜鳳寺に遊び、同十四年春に泉州府（福建省）南安県の羅山棲隠寺に法弟亘信（崇禎八年冬費隠通容に嗣法）を尋ね、請われて上堂し、その際羅山十四景を題し、なお往復の途中、泉州城内の開元寺や南安県の延福寺・圭峰報親寺その他に立ち寄り、それぞれ上堂説法している。次いで十五年に福清県の福盧寺・霊巖寺・西山寺等を尋ね、順治元年（一六四四）春に太封君（子孫の栄達により封典を受けた者）洪甫宇に請ぜられて中天正円の生地福清県万安所の福善堂におもむき、中天のために牌位を設け、かつ上堂しており、なお往復の途中城山庵・鎮海寺・茶林寺・護国寺・東金寺等の諸刹に立ち寄り、それぞれ上堂説法している。かくて帰山すると、同年三月古黄檗を退き、当時福州府侯官県の芙蓉寺におった法弟亘信にその後席を継がせた。辞衆上堂に「八載住持、苦艱を受く。風を呵し雨を罵り、安閑ならず」云々と述べているように、住山中は一切蔵経の開閲、伽藍の重興、大衆の接化に多忙の日を送っていたが、伽藍の重興も一段落したので古黄檗を退き、師翁密雲円悟の塔を掃い、崇禎七年(一六三四、四十三歳)二月以来十年間会っていない本師費隠通容を省覲するため北行したのである。

密雲の塔を掃う

二　福厳寺・龍泉寺住山

順治元年(一六四四、五十三歳)三月古黄檗を退いた隠元は、浙江省嘉興府海塩県の金粟山広慧寺におもむいて本師費隠通容を省覲し、擢んでられて前堂首座となり、秉払上堂（手に払子をとり、住持に代わって衆のために上堂説法すること）した。五月に寧波府（浙江省）鄞県の天童山景徳寺におもむいて密雲円悟の塔を掃い、感発して涙おのずから禁じえず、一偈を賦して感懐を叙した。

福厳寺に進む

密雲の塔を掃い終わると金粟山に帰り、同寺に留まっていたが、やがて浙江省嘉興府崇徳県の邑侯（知県）解学周、郷紳儀部（官名）閔及申・方伯（官名）顧玄鏡・侍御（官名）曹谷らに請ぜられ、同年十月十七日に崇徳県の福厳寺に進んだ（『隠元禅師語録』による。『普照国師広録』には十月十五日入院とある）。福厳寺は崇徳県城の東北十二華里にあり、唐代の創建で、初め千乗院といわれていた。北宋の大中祥符元年（一〇〇八）に福厳寺と改称し、もと七層の浮屠があったが、元末に兵のため焼かれてしまった（『嘉興府志』）。隠元の入寺当時は大雄宝殿・伽藍堂・祖師堂もなく、荒涼たる小寺にすぎなかったようである。同寺に住したのはわずか三ヵ月間であるが、その間にともかく冬期結制を行なっており、なお刑部（官名）沈戩穀の問道の書に復し、孝廉唐祈遠に請われてその父都憲（官名）存億の像讃を題し、臣農即事篇序を撰している。

竜泉寺に進む

順治二年（一六四五）正月解制後、侍御曹谷から嘉興府秀水県の棲真寺に住するよう懇請されたが応ぜず、二月福州に帰り、侯官県城外の南禅寺、福州城内の神光寺・天寧寺で請われて上堂し、次いで大賛国（官名）馬還初・夏春元・林正昇・陳天錫・陳光震・文学（官名）李光祖・僧印虚らに請ぜられて、三月二十二日に長楽県（福州府）の竜泉寺に進んだ（『隠元禅師語録』）。竜泉寺は唐代に百丈懐海が脱白したところといわれる古刹で、隠元入寺当時は大雄宝殿・祖師堂・伽藍堂もあり、さきの福厳寺よりは整備されていたが、禅席は寥々としていた。しかし隠元が住するに及んで禅林の規制一新し、遠近の法を請うものが日々絶えないようになった。

門人三人に付法す

竜泉寺に住したのは約十ヵ月間であるが、この間に隠元は三人の門人に付法している。すなわち、入寺した年の順治二年秋に玄生海珠、同年冬に西岩明光、翌年正月に慧門如沛にそれぞれ付法しており、さきに付法した無得海寧とあわせて、都合四人の法嗣をもつことになった。

他行

順治二年(一六四五)に、隠元は僧碧居に請ぜられ、竜峰寺を初め浄雲庵・盤谷寺・石門寺等連江県(福州府)の諸寺に遊び、おのおの紀詠を残した。竜泉寺住山中に他行したのは、この一回だけのようである。

三　古黄檗再住

古黄檗を退いてから二年たらずの間に、費隠を省覲し、密雲の塔を掃い、福厳寺次いで竜泉寺に住し、やや気ぜわしい感があったが、順治三年(一六四六)正月竜泉寺解制後、古黄檗の耆宿・檀越に請ぜられて、同月二十五日に再び古黄檗に住することになった。

庵・塔の造建重修

古黄檗の再住期間は、順治三年(一六四六、五十五歳)正月から同十一年(一六五四、六十三歳)

五月までの九年数ヵ月間であるが、この期間中に隠元が意を用いたものに、まず庵・塔の造建・重修がある。すなわち、再住二年後の順治五年冬に海会塔（普同塔、衆僧の納骨塔）を修造したのを初めとして、同七年には寺の左に翠竹庵を構え、同八年には桑池園の左に上善塔を重修し、寺の左方獅子峰に獅子庵、寺の前方吉祥峰の右に水月庵を構え、同九年には寺の後方羅漢峰の左に絳節庵を建てている。古黄檗にはもと獅子峰の東に白馬廟があり、香炉峰の後に三官庵があったが、ともに廃されて民宅となっていた。隠元はこれを買いもどして、順治六年に三官庵、同八年に白馬庵を建てている（『黄檗山寺志』）。

経済的基礎の確立

庵・塔の造建・重修とともに隠元が意を用いたのは、古黄檗の経済的基礎を確立することであった。このことは、初住期・再住期を通じて、常に心がけておったことと思われる。隠元が初めて入寺したころの古黄檗の田地は、寺前田二十四畝、熨斗田十畝（園池六畝付属）、梨洋田十畝、南洋横洋田九畝七歩、陳白田八畝、宅角田三十一畝の計九十二畝七歩で、付属の園池を加えても百畝程度にすぎなかった（『黄檗寺志』）。しかるに再住期の末年ごろになると、寺前田二十四畝、軍民田八畝、熨斗田十畝、梨洋田十畝、南陽田百六十余畝、黎湾洋田五十六畝、牛隊洋田二十畝余、東満洋田十三畝、陳白洋田四十五畝、桑池園五畝、熨斗園六畝、塔頭畬園五畝、鉄炉墩園四畝、三官壠園五畝（『黄檗山寺志』）、これらに万松庵・三官庵・東嶽塔院等の付属の園池を加え、計四百余畝になっていたようである。したがって南源性派は『普照国師年譜』中に、「師（隠元）丁丑（崇禎十年）の冬、席を当山（古黄檗）に主ってより前後凡そ十七年、共に田四百余畝を置き、歳の艱に値えども衆頼って以て安し」云々と記し、古黄檗の経済が安定したことを述べているのである。

古黄檗の盛況

隠元が古黄檗に住したのは崇禎十年（一六三七、四十六歳）十月から順治十一年（一六五四）五月までの間、その中間一年十ヵ月を除いて正味約十五ヵ年間である。この期間中に、古黄檗の伽藍寮舎・庵塔が重興整備されて面目を一新し、寺田が増置されて経済的基礎が確立するようになったことは、以上みてきたとおりである。僧数も、初住期のころ既に三―四百名の雲水が冬安居に集まっていたようであり、再住期にはさらに増加して、順治八年(一六五一)の冬安居には僧衆千人を数え、分かって両堂(前堂後堂)とし、慧門如沛・木庵性瑫が首座、虚白性願・即非如一が西堂となり、「両堂喝を下すの風儼然として猶在り」と称された。かようにして古黄檗は、隠元の住山中に再び福建省の大禅林となったのである。

法嗣の活躍

再住期中に、隠元は新たに八人の門人に付法した。すなわち再住した年の順治三年夏に也懶性圭、翌四年春に良冶性楽、六年春に中柱行砥、七年春に木庵性瑫、同年秋に虚白性願、八年春に即非如一、九年春に心盤真橋、十一年二月に三非性徹にそれぞれ付法した(『黄檗宗鑑録』)。かくて再住以前に付法した無得海寧・玄生海珠・西岩明光・慧門如沛の四人と合わせて、十二人の法嗣をもつことになった。これら法嗣のうち、也懶性圭は順治八年水没し(後述)、玄生海珠は同十年に寂しているが、無得海寧は福寧州(福建省)寧徳県の玉象山竜華寺、西岩明光は福州府長楽県の法華寺、慧門如沛は福州府福清県の獅子巖、良冶性楽は福州府閩県の旗山寺、中柱行砥は福清県三山の聖泉寺、木菴性瑫は福清県斂石の太平寺、即非如一は福州府侯官県の雪峰崇聖寺、心盤真橋は福州府城内の補山万歳寺にそれぞれ住して化を布くとともに、古黄檗の結制・戒会等の節は要職につき隠元の法化を扶けていた(『檗宗譜略』)。

順治四年(一六四七)六月、隠元は僧徒を率いて福清県城の東南約十華里にある東獄におもむき、二ヵ月余の間水陸普度(水陸会。施餓鬼の一種で、水陸に飲食を散じ、苦悩の諸鬼を救い供養する法会)を行ない、瑞岩寺・塔寺を過ぎて帰山した。同八年八月には莆田県(興化府)の僧俗に請ぜられて興化府(福建省)仙邑県の九鯉湖に遊び、途中莆田県の資福寺・曹山寺・永慶寺、仙邑県の竜華寺・高田院・南林寺・天壺巖・報恩堂などの諸寺院において請われて上堂し、翌九年秋には獅子巖の旧隠を訪れている。かく再住期には前後三回他行しているが、ふだんは古黄檗にあって庵塔の造建、寺田の増置、大衆の接化に努め、同門の僧や宰官居士の参謁に応接し、問道の書に答えており、また弟子の独往性幽に命じて『黄檗山寺志』の重修、『獅子巖志』の編修を行なわせなどしていた。

也懶性圭の水没

再住期中に隠元を傷心させたのは、福州府羅源県の鳳山報国寺に住していた法嗣の也懶性圭が、日本の長崎崇福寺の招請に応じ、厦門を離れて間もなくその乗船が風浪のためくつがえり、水中に溺没したことである。「是後師（隠元）日本に応ずる一段の因縁実に此に基く」といわれるように、也懶性圭が溺没して東渡を果しえなかったことが、長崎興福寺の住持逸然性融を中心に長崎唐三ヵ寺（興福寺・福済寺・崇福寺）の檀越らの隠元招請となり、その東渡をみるようになるのであるが、その間のいきさつをみるまえに、崇禎九年（一六三六）以後における大陸情勢の変化を概観し、隠元がどのような感懐でこれを眺めていたかをみておくことにしよう。

四　祖国衰亡の悲哀

清、山海関の突破を企図す

隠元が初めて古黄檗に進む前年の崇禎九年（一六三六）四月に、後金の太宗が国号を清と改め、崇徳と改元し、以後明朝を圧倒してこれに代ろうとする意図を示したことはすでに述べた。清の威力は増大してきたが、山海関の突破は難事であり、東蒙古のカラチン（喀喇沁）地方から迂回して長城を越え、北京付近をおびやかすこと数度に及んだが、道遠くしてじゅうぶんな成功を収めることができなかった。そこで太宗は攻撃の重点を山海関に向け、崇禎十三年＝崇徳五年（一六四〇）遼西に清軍を侵入させ、次いで翌年親征し、崇禎十五年＝崇徳七年二月錦州・松山両城を降したが、山海関の突破が成らないうちに翌年太宗は死し、六歳の世祖が位をつぎ、順治と改元し、太宗の弟睿親王ドルクン（多爾袞）が摂政となり、万事を裁くことになった。

明の毅宗縊死す

他方明の国内をみると、崇禎元年（一六二八）以来流賊が陝西省各地に起り、河南・河北・山西各省に進出し、明政府はこれが討伐に当ったが思うように功を奏しなかった。これら流賊のうちで勢力が最も強大だったのは李自成で、各地を侵してのち崇禎十七年＝順治元年（一六四四）三月山西から北京に迫り、同月十九日毅宗は煤山（景山・万歳山）の北麓の寿皇亭において縊死し、明朝はここに事実上滅んでしまった。隠元が古黄檗の法席を法弟亘信にゆずり、金粟山広慧寺に向かって北行したのがちょうどこのときであり、同年十月十七日、隠元が嘉興府崇徳県の福厳寺に進んだときは、山海関の戦いで李自成の軍を破った清軍が北京に入り、清の世祖が瀋陽を発して北京に着し、これを国都とし（十月一日）ていた。

明朝の復興運動

毅宗が縊死し、清兵が北京に入城してからのち、明の諸王・諸臣は江南で復興運動を起した。まず史可法らは神宗の孫（毅宗の従弟）福王（弘光帝）を南京に擁立して帝位につかせ、翌年弘光と建元し、武備を整えて清と争うことになった。しかし揚州城を固守した史可法は、猛勢をあげて南下してくる清軍を支えきれず、順治二年（一六四五）四月重囲におちいって戦死し、次いで五月に南京が陥落し、福王は捕えられてしまった。隠元が福州府長楽県の竜泉寺に進んでから二ヵ月後のことである。同年六月、黄道周らは太祖九世の孫唐王（隆武帝）を福州に守り立て、福州府を天興府と称し、隆武と建元し、清軍に抗したが、翌順治三年黄道周は捕えられて刑死し、唐王も捕えられて殺された（八月）。同年十一月神宗の孫桂王（永暦帝）は瞿式耜らに広東省の肇慶に擁立されたが、清兵に追われて広西省の桂林に走った。広西・広東・雲南・貴州・江西・湖南・四川の諸省が味方し、一時勢力とみに伸長したが、やがて清軍に圧迫され、桂王は桂林から梧州（広西省）、次いで尋州（江西省）・南寧（江西省）・安隆所（広西省）と転々し、絶えず不安のうちにさまよわなければならなかった。隠元が古黄檗に再住したのは、南京陥落と唐王の敗北のちょうど中間であり、再住期間中は桂王が不安のうちにさまよっていたときである。ちなみに、桂王が雲南に逃れ、ビルマに遁入し、やがて捕えられて殺され、名実ともに明朝が滅んだのは康熙元年(一六六二)で、隠元が宇治(京都府宇治市)の黄檗山萬福寺に進んだ翌年である。

隠元が大陸におったころは、明朝の衰亡期にあたっていた。出家・修業・獅子巖静住のころはしばらくおき、古黄檗に進んでのち、大木の倒れるように倒壊していった祖国の姿を、隠元はどのような感懐でながめていたろうか。

隠元の眼に映じた世情

順治四年(一六四七)六月から二ヵ月余の間、隠元は東獄において水陸普度を行なっているが(既述)、これは同年二月福清県城の東方十華里にある鎮東衛と、さらにその東方十華里にある海口鎮が陥り、その際殺された数千人の者の霊を弔うためであった。隠元は順治十年(一六五三)孝廉徐観周に宛てた復書(『隠元禅師語録』巻第十二所収)中に、「今時法道凌夷、衆生尽く大夢の中に在り。竟日揺撼(終日ゆりうごかす)すれども醒めず」といっているが、ひとり法道のみでなく、隠元の眼に映じた当時の世情は、まさにかくの如くであったろうと思われる。

黄道周の殉節を悼む詩を作る

隠元の詩偈(しげ)集『雲濤(うんとう)集』には、「石斎黄老先生の殉節の韻を次す」四首(五言八句)、「石斎先生を憶う」二首(五言四句)が載っている(挿図参照)。『普照国師年譜』はこれを順治四年(一六四七)の作とし、『黄檗隠元禅師年譜』は永暦七年＝順治十年の作としている。黄石斎は、唐王(隆武帝)を福州に擁立した黄道周である。黄道周は福建省漳(しょう)州府漳浦県の人で、字(あざな)を幼平といい、石斎と号した。天啓二年(一六二二)進士に及第し、文章気節をもって名を知られており、しばしば直

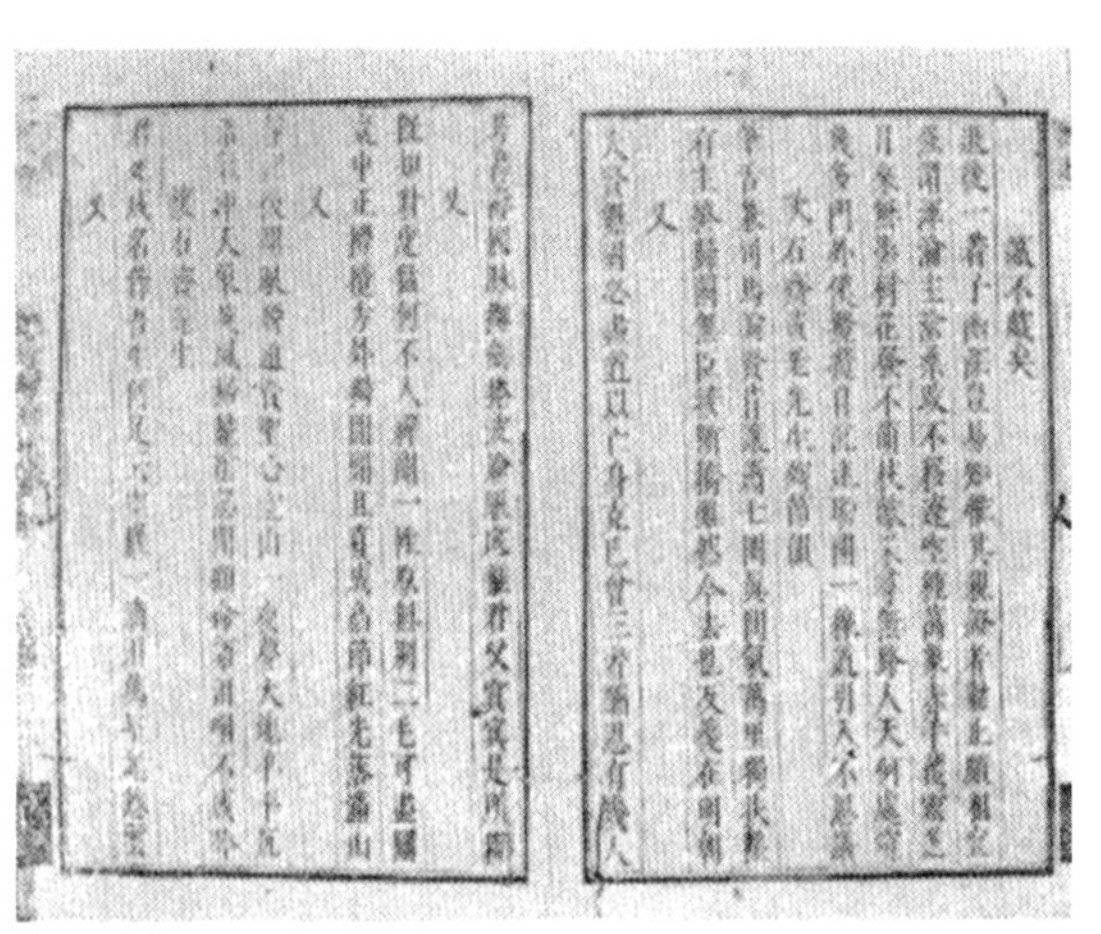

黄道周の殉節を悼む詩(『雲濤集』所収)

言して憚らず、ためにいくたびか官を退けられた。順治二年(一六四五)五月礼部尚書の地位にあって、総兵官鄭鴻逵・福建巡撫張肯堂・巡按御使呉春枝・南安伯鄭芝竜らと議し、閏六月唐王を福州に擁立した。翌年七月江西省におもむいて義兵九千余人を集め、広信(江西省広信府)から衢州(浙江省衢州府)に出、十二月進んで婺源(安徽省徽州府婺源県)に至り、清軍と戦って敗れ、捕えられて南京に送られ幽閉された。清室の内院洪承疇(もと明の薊遼総督。崇禎十五年遼寧省の松山で清軍に捕えられ以後清に従う)がこれをあわれみ、道周は清節夙学の士であり、江南の人でかれを憐憫痛惜しない者はない、その重罪を許し、死一等を減ぜられるようにと世祖(順治帝)に願ったが許されず、ついに処刑された(『明史』列伝、『明季遺聞』)。その殉節を悼む詩を隠元が作っていることについて、南源性派は『普照国師年譜』中に、「蓋し時を慨してなり」と述べている。

開戒の宣疏に涕泣す

順治九年(一六五二)十二月八日古黄檗において戒会を開いた際、疏を宣して「壇を洪武十年に開き、曁び成祖の昭世に善述す。(中略)列聖恩深く、今皇徳重し」(『弘戒法儀』)

壇主祝聖の語）というに至って、隠元は一時に涕泣して仰ぎ観ることができず、一衆ために愕然とした。後日某僧が涕泣した理由をたずねると、隠元は「吾太祖の年号を聴いて、中心惻然として覚えず傷悼するのみ」と答えた。太祖の年号を聴いて傷悼（いたみかなしむ）した背後には、太祖朱元璋を始祖とする明室の衰亡という事実がある。

明室の衰亡に傷心す

出世間の人隠元もまた明人である。明室の衰亡に傷心していたことは、右の一事によっても容易に想像することができる。隠元は東渡後、かつて法孫の高泉性潡にむかい、「中国では天子の位にしばしば簒奪があったが、日本には昔から今日に至るまで、あえて皇位を奪う者がなかった。日本の天皇こそまことに真命の天子である」と述べているが（『大円広慧国師遺稿』）、祖国衰亡の悲哀を体験しているだけに、かかる感懐はひとしお深かったのではなかろうかと思われる。

第三　東渡と長崎在住

一　東渡に関する諸説

隠元は、六十三歳の前半まで大陸ですごした。もし東渡しなかったら、明（ミン）末清（シン）初の禅僧として中国の僧伝や地志に名をとどめるにすぎず、ひろく日本人の間に知られる人物とはならなかったであろう。東渡は隠元の生涯に一時期を画したばかりでなく、当時のわが僧俗間に反響をおこし、やがて禅宗黄檗派の開立をみるようになった。したがってその東渡には特に注目する必要があるが、他方その東渡に関しては、早くからいろいろの説が行なわれてきた。そこで、まずそれらの諸説を一応検討したうえで、渡来の真相に触れることにしよう。

避乱帰化説

隠元渡来の事情に関する諸説のうちで、早くから行なわれ、今日でも漠然と支持されているのは、明末の乱を避けて帰化したとの説である。しかし隠元は、大陸の乱を避けて渡来した避難僧ではなく、また最初から日本に帰化するつもりで渡来したのでもなかった。ただその東渡したのが大陸の騒乱期にあたっており、また東渡後最初の予定に反してながくわが国に留まり、禅宗黄檗派の開祖となってわが国において寂しているので、結果からみると、大陸の乱を避けて帰化した形になっているというにすぎない。隠元が最初から避難帰化する目的で東渡したと解するならば、明らかに事実に反する。

為法渡来説

隠元の法孫鉄牛道機（木庵性瑫の法嗣）は、「承応の末吾祖隠翁老和尚（隠元）、人の扶桑（日本）を称して仏地と為すを聞き、万里の鯨波（大波）を憚らず、法の為めに肥（肥前）の長崎に到る」（『鉄牛禅師自牧摘稿』巻第十一・東叡山納経文）といい、明和四年（一七六七）黄檗山第二十代伯珣照浩（唐僧）の立てた「規定」にも、「国師（隠元）法の為めに東渡す」云々と記している。法の為め渡来したとの説は、檗僧らがその宗祖隠元の渡来事情を説明するうえに最も恰好なものであり、したがってかれらによりしばしば唱道されたとみえて、元禄年間長崎出島の蘭館医として来朝したドイツ人ケンプェルも、帰国後著わした『日本史』の中にこの説を紹介し、かつ敷衍して、隠元は長崎唐三ヵ寺（興福寺・福済寺・崇福寺）に住む母国人に対する愛情と、仏法を日本にひろめ、キリスト教徒・仏教反対者に対して寺院を確保し、一種のカリフ国を建てようとの熱情にかられて日本に東渡した、と述べている（The History of Japan. Vol. 1 Chap. XV）。

法の為め渡来したとの説には、根拠があった。すなわち隠元みずから、「疇昔の歳、法の為めに東来」したといっているのである（『普照国師広録』巻第三十・祭報恩塔文）。けだし師家として、その一挙手一投足はまさに法のため、弘法のためであるべきである。この意味において為法渡来説は是認せらるべきであるが、その渡来をもって、中世末から近世初期にかけ、伝道を目ざして積極的に渡来したキリスト教宣教師たちのそれと同一視することはできない。

為法渡来説に対する反駁

ひるがえって、為法渡来説に対しては、元禄年間に妙心寺派の禅僧によって反駁が加えられた。元禄十三年(一七〇〇)花園末葉亡名子の匿名で出された『禅林執弊集』に、

> 吾聞く、隠元・木庵・即非・高泉等の数人は、誠に是れ近代明国の傑出なり。然りと雖も一錫飄然として軽く此の土に来るは、聊か法の為めに身を忘るる者に非ず。径山の費隠容公、曹洞派下鼓山の永覚(福州府鼓山白雲峰湧泉禅寺の永覚元賢)と宗趣の争を官庁に訴えて、官法の為めに屈辱せらる。故に其の徒、皆志を失するのみ。是に於いて乃ち商舶の請に応じ、遠く本邦に入り来る者なり。

とあるのが、それである。花園亡名子が桂林崇琛(奥州仙台の瑞鳳寺に住す)であることは、『卍山和尚対客閑話』の中に、「桂林禅師の執弊集」云々とあるによってわかる。桂林は黄檗派を白眼視し、『禅林執弊集』の随所にその宗弊なるものを指摘してお

り、隠元以下の唐僧の渡来についても、右のように説明しているのであるが、これはうがちすぎた説であり、むしろ為めにするところの中傷の言辞といわざるをえない。

家綱招請説

以上の諸説は、渡来の事由を隠元ないし中国側に求めているのであるが、これに対して、日本側に事由を求め、日本の招請に応じて渡来したとの説がある。これにも二―三の異説が存するが、その一つに、四代将軍家綱が足利氏の例にならい、一禅刹を建立し、中国より道徳のすぐれた僧を迎えて住持させるようにとの命令を下し、長崎興福寺の僧逸然性融（いつねんしょうゆう）が、その命令にしたがって再三隠元のもとに申し入れたので、隠元これを許諾（きょだく）し、その渡来をみるに至ったとの説がある。これは宝暦十年（一七六〇）田辺茂啓の撰した『長崎実録大成』に載せている説で、『国訳禅学大成』所収の『黄檗和尚太和集』の解題にも、そのまま踏襲されている。

けだしこの家綱招請説は、次に示す王命を奉けて渡来したとの説の王命を、ときの将軍家綱の命令と解したことから起ったものと思われるが、やがてこの説は、家綱が三代将軍家光の素志を継承して招請したという説に発展した。寛政四年（一七九二）閏二月、宇治の黄檗山萬福寺より寺社奉行所に差出した「口上覚」に、

元来当山の儀発端、大猷院様（家光）御代、御当家（徳川将軍家）御治世程なき儀故、諸宗法式厳密ならざるに付、唐国より明徳の僧請待致し候様長崎唐寺え数度仰せ付け置かれ、厳有院様（家綱）御代に相成り、則ち開山隠元御請待にて来朝仕り、新規一宗御建立あらせらる。（『黄檗山廿二代虚席知客寮須知』）

とあり、また文化十四年（一八一七）三月、黄檗山の役僧天瑞・忍仙両人の連印で寺社奉行所に提出した願書の中に、

黄檗山の儀は、厳有院様御代の御草創にて、（中略）御草創の御趣意は、慶長の頃諸宗兵乱の弊を請け、且つ承平の御代自然と規則相弛み候躰相見え候に付、

大猷院様御代より思召有らせられ、厳有院様御懇請に付、承応三年開祖隠元渡来候。（『文化十四年二十六代知客寮須知』）

とあるなどがそれである。

奉王命渡来説

王命を奉けて渡来したとの説は、『普照国師年譜』巻上、および『普照国師広録』巻第七（再住福州府福清県黄檗山萬福禅寺語録）に載せられている。すなわち、前者には、

日本興福の住持逸然、王命を奉け、僧古石を差して書帛を齎して師（隠元）を聘して東渡開化せしむ。

とあり、後者には、

日本国興福寺の逸然禅徳、王命を奉けて僧を差し、師を聘して東渡せしむ。

とある。なお「普照国師塔銘」にも同様の記事があるが、同塔銘は『普照国師年譜』を参考にして書かれたものであり、しかも偽作問題の起ったいわくつきのものであるから、問題外としてよい。

『普照国師年譜』巻上は、独耀性日編録の『黄檗隠元禅師年譜』に南源性派が手を加えたものであり（下巻は南源性派が編録）、『普照国師広録』は、隠元の寂後に同じく南源性派が編修したものである。しかして南源は、『普照国師広録』を編修する際に、従来版行されている語録・詩偈集の原文の一部を削除したり、語句を改めたりなどして、かなり多く手を加えている。「王命を奉け」云々という文言も、隠元の渡来後間もなく開版された『黄檗隠元禅師年譜』『隠元禅師興福寺語録』『黄檗和尚扶桑語録』にはなく、南源が『普照国師年譜』『普照国師広録』を編修する際に新たに加えたものである。

南源のいう「王命」の意味

そこで問題になるのは、南源のいう「王命」とは、そもそもだれの命令を指すかということである。結論をさきにいえば、長崎奉行の命令を指していると判断される。かく判断される根拠は、南源が長崎奉行のことを「王」と記している例に接するからである。適例を示すと、『南源禅師芝林集』巻第二に、「林熟也居士王駕に従って武州に之く。賦して送る」と題する七言古詩一首を載せているが、これは『即非禅師全録』巻之四所収の林英士に示す法語に、「林子熟也（中略）今歳辛丑（寛文元年）秋杪、崎主之れを邀えて偕に東武に遊ぶ」云々とあるのと同じことを述べているのであって、崎主すなわち長崎奉行に随行して武州（ここでは江戸）におもむくことを、南源は「王駕に従って武州に之く」と記しているのである。なお南源は、劉居士に宛てた復書（『南源禅師芝林集』巻第二十所収）の中に、「手簡を得て知りぬ、王命を承けて通士（通事）の職に擢んでらると」云々と記しているが、この「王命」も長崎奉行の命令を指していることは明らかである。ちなみに、南源が京都所司代のことを「王」といっている例は、『普照国師年譜』寛文三年癸卯の条にある。

長崎奉行招請説の根源

南源のいう王命を奉けて渡来したとの説は、長崎奉行招請説とけっきょく同じものである。長崎奉行招請説の根源は、逸然性融の請啓にあった。逸然は後述するように、古黄檗における隠元のもとに前後四回請啓を送っているが、第四請啓すなわち最後の請啓中に、「島主嘉誠、遠く江府に疏す。令音訳に在り、喜び衷より出ず」と記し、長崎奉行が隠元の招請について幕府に上申したことに言及している。隠元は、この文言どおり信じていたようで、長崎奉行甲斐庄正述（徳峰居士）が最初幕府に上申し、長崎興福寺の逸然性融をして三たび請啓を自分のところに送らせたので、万里の誠懇を念い、東渡を承諾したと、みずから語っている（『新黄檗志略』）。

長崎奉行招請説の真相

ここで問題になるのは、逸然のいうように、したがってまた隠元が信じていたように、長崎奉行が幕府に上申し、その諒解のもとに逸然をして招請させたということが、果して事実であったかどうかということである。この点を史料を挙げて論評することは、煩雑のきらいがあるので略するが、要するに『寛明日記』『承応三年御日記』等の幕府側の記録との矛盾、隠元の招請に関し長崎奉行が幕府に上申したとの記事が、逸然の第一・第二・第三請啓になくて、第四請啓に初めて出てくることの疑問等から、右のことは事実とうけとることはできない。とはいえ、長崎奉行が隠元の招請について、全然無関係であったと必ずしも断言できない史料に接する。そこで考えられるのは、長崎奉行が逸然の申請にまかせ、隠元の招請を認許したということである。この程度に長崎奉行が関与しているとみることは、長崎奉行の職責から考えても、無理のない推測と思われるし、この推測を裏づけるような史料も存在するのである。

二　東渡のいきさつ

逸然性融

隠元招請の中心になったのは、長崎興福寺の住持逸然性融（いつねんしょうゆう）である。逸然は浙江（せっこう）省杭州府仁和県の生れで、隠元の東渡より十年前の正保元年（一六四四）に長崎に渡来し、翌年四十五歳で興福寺第三代の住持になった。仏画・人物画を善くし、その門下に渡辺秀石・僧若芝（じゃくし）らを出し、画壇の一方に名声を博した人である。この逸

逸然性融画像（渡辺秀石筆）（長崎，興福寺蔵）

逸然性融筆，仏祖図（福島，五十嵐弘勝氏蔵）

無心性覚の勧めにより逸然招請に乗り出す

然が隠元の招請に乗り出すのは、無心性覚の勧めによったのである。

無心性覚（初名恒修、号は無門または玉山）は、福建省福州府の生れで、早歳出家し、のち東渡して長崎の興福寺に寓し、逸然の会下にあった。隠元の法嗣也懶性圭の禅友であった関係上、たまたま長崎崇福寺の住持が欠員になったとき、同寺の檀越に也懶を推挙した。そこで崇福寺の檀越らが也懶を迎えることになり、也懶これに応じて順治八年（一六五一）六月東渡することになったが、その乗船が厦門を出港して間もなく風浪のためにくつがえり、也懶は溺没してしまった。無心はこのことを聞いて痛嘆し、逸然に也懶の本師隠元を招請するよう懇請した。逸然はその切なる懇請に応じ、長崎通事や唐三ヵ寺の檀越らとはかり、隠元の招請に乗り出すことになったのである（黄檗山塔頭真光院所蔵「無心性覚画像」独湛性瑩讃）。

逸然・檀越らの請啓

逸然および通事・檀越らの請啓と、それに対する隠元の復書は、『黄檗和尚扶桑語録』に収められている。それによると、まず承応元年（一六五二）四月六日の日付で、逸然の請啓一通と、穎川官兵衛・林仁兵衛・穎川藤左衛門・渤海久兵衛・彭城太兵衛・張立賢・何懋齢・許鼎・程国祥・高応科・王引・何高材・陳明徳ら十三人連名の請啓一通とが、船主何素如に託して古黄檗に送られた。これに対して隠元は七月六日に復書二通をしたため、老齢で遠応し難い旨を述べ、語録・詩偈集を送って辞退しているが、逸然宛の復書をみると、「倘し因縁此に出現せば則ち龍天相け、王臣重んず。召有らば則ち応じ、化を一方に開かん」等の語がみえ、無下にこれを拒絶したとは思われない。この年六月、隠元の法嗣木庵性瑫は霊叟定奯を長崎につかわしているが、これは隠元の招請に関連して、日本の事情を調査させるためであったようである。隠元の復書に接し、逸然は同年八月二十七日の日付で第二請啓をしたため、路費百金・香帛八種を添えて、同じく船主何素

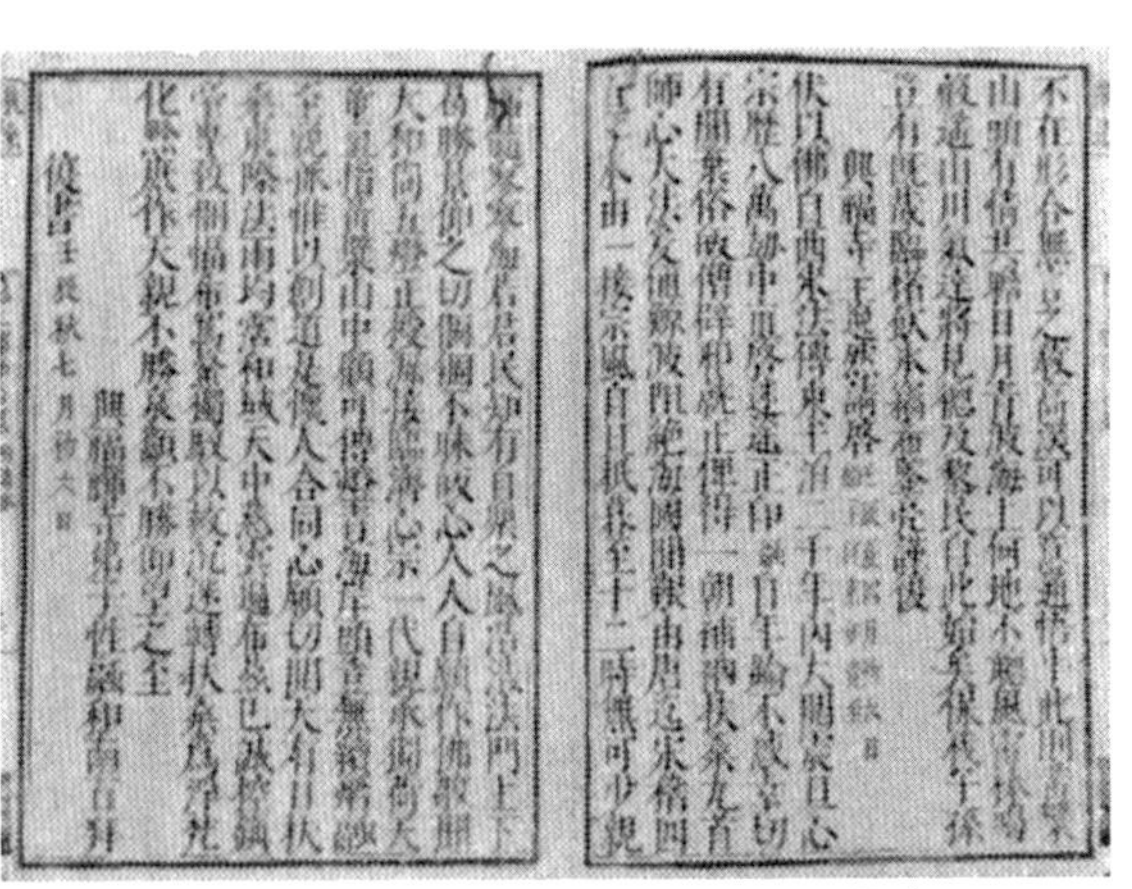

逸然の第一請啓（『黄檗和尚扶桑語録』所収）

三たび請啓に接し、東渡に決す

如に託してこれを発送したが、これは途中海賊のために掠め取られてしまい、隠元のもとに届かなかった。逸然はこれに屈することなく、翌承応二年三月第三請啓をしたため、僧自恕に託してこれを古黄檗に送った。この請啓に接して、隠元の心は大いに動いたようであるが、まだ決答を与えるには至らなかった。しかし五月二十日日付の復書の中に、「特に監寺良者を差して親しく勝地に造らしむ。回る日方に決す可し」といっているように、古黄檗の監寺良者を長崎につかわし、事情を視させたうえで、いずれかに決しようとしたのである。良者が隠元の命令をうけ長崎に使したことは、『雲濤集』に「良者禅人出でて長崎に使するに示す」と題する詩偈一首（五言十四句）があるのでわかる。

第三請啓の復書を接受した逸然は、あくまでもその一念を貫徹しようとして諸檀越と議し、同年十一月三日に第四請啓をしたため、潁川官兵衛・渤海久兵衛・彭城太兵衛・張立賢・程国祥・高応科・陳明徳ら七人連名の請啓とともに、これを僧古石性栄に授け、古石をつかわして古黄檗に至り、隠元に謁してその東来教化を懇願させた。前年木庵の命令で長崎におもむいた霊叟もすでに帰来して、日本檀信の仏法を敬信することをつぶさに報じており、隠元からつかわされた良者も帰山して、日本の事情が明らかとなったため、隠元はついに応請の意を決し、同年十二月一日復書二通をしたためてこれを報じた。ここに逸然らの目的は、初めて達成されることになったのである。

隠元自身の語る渡来事情

隠元は渡来した翌年の明暦元年（一六五五）正月本師費隠通容に宛てた書信の中に、みずからの渡来事情について、

日本の所請は、もと也懶（やらん）果さず、其の命に負（そむ）くこと有るが為めの故に、再び某を請ず。子の債（さい）父還（かえ）すに似たり。前（さき）に和尚（費隠）の厳訓を承（う）けて、即ち修書して之を辞す。意（おも）わざりき、秋間舶（はく）に随って再び聘（へい）す。洋中に至り、海上の君子（海賊）に奪わる。前歳十月、又僧を着け、親しく山中に到って聘を致し、

懇請すること再四、其の誠至るを念う、故に之れを許す。

（『黄檗和尚扶桑語録』巻第十書問・上径山本師和尚書）

と述べている。これによると、初め請啓に接した隠元は、法嗣也嬾の所願を果すことを本師たる自分の義務と考え、招請に応ずるつもりでおったようであるが、費隠通容が「重溟深阻を念い、書を作って之を止め」た（『径山費隠禅師紀年録』）ような事情もあって、修書して辞した。しかし三たび請啓に接するに及んで、その誠意に感じ、ついに東渡を許諾することになったのである。

辻博士の見解

隠元自身の語る渡来の事情は概略以上の通りであるが、これに対して、辻善之助博士は次のような見方をされていた。すなわち、「但、裏面に於て、当時明末の騒乱を避けて、我邦に来たものであることは察するに難くない。（中略）隠元が渡来以前、彼土に於て迫害を蒙ったことは、年譜其他に詳かである。騒乱の間に在って居処安からず、（中略）かかるところへ長崎より招請あり、これを幸と来航したのであろう」(『日本仏教史・近世編之三』第十章第十二節)というのである。しかし管見をもってしては、隠元が中国において迫害を蒙ったという事実を認めることができない。しいていえば、『普照国師年譜』順治十年条に「一日暴客有りて至る。師危坐(正しく座す)して動ぜず。客稽首(首が地につくまで屈して拝す)して去る」とあるくらいのものである。騒乱の間にあって居処安からず、という点も納得しかねる。隠元は獅子巌・古黄檗・福厳寺・龍泉寺・古黄檗(再住)と住山地をかえており、その間時々他行しているが、それは騒乱と直接関係があったわけではない。もっとも、騒乱が隠元の身辺にも多少影響したことは認められる。順治九年(一六五二)夏、隠元は径山の本師費隠通容の六十の賀を監院大眉性善に代祝させているが、これは「閩浙(福建浙江)の兵戈寧からず、躬ら祝するに遑な」かったためである。騒乱のため古黄檗の収入が減じ、経済の苦しくなった年もあったようである。『普照国師年譜』順治五年の条には、「是年世界紛紜(みだれる)なり。師規警倍厳にして清淡自ら守る。衆を率い、柴を市に挑って以て日用に供す」とある。しかし同年譜にはそのあとに「見る者敬慕せずということ無し。山門以て慮り無きことを得」と記している。しかもそれより三年後の順治八年冬安居の節、古黄檗の僧衆は千人を数える盛況を示していた。

避難東渡の理由なし

非常な苦心をはらって伽藍寮舎の重興を成しとげ、田四百余畝を増置して経済的基礎の確立に努めた古黄檗の住持として、この多数の僧数を擁し、しかも本師費隠通容健在にして径山に法化を布き、法嗣十名またそれぞれ一方に化を布いているとき、次に述べる如く大衆の哭留(泣いてひきとめる)を振り切り、六十三歳の老軀をひっさげて騒乱を異国に避けなければならぬ理由が奈辺にあるだろうか。一部には、明の滅亡を慨き清の粟をはむをいさぎよしとせず東渡した、との説も唱えられたことがあるが、宗教家隠元をあえて慷慨義烈の人物に仕立てる必要はあるまい。隠元渡来の事情については、隠元自身の語るところを素直にうけとるべきではなかろうかと思う。

大衆・檀越の哭留と三年帰山の約

隠元は三たび請啓に接して、ついにその東渡を決したのであるが、このことは古黄檗の僧衆・檀越らに大きな衝撃を与えた。『黄檗隠元禅師年譜』に、「師六十三歳春、監寺・座元・西堂、居士・合山等と師の東応の事有るを以て、方丈に詣って羅拝（つらなり拝す）して起たず、痛哭懇留す」とあり、法嗣常熙興燄に宛てた隠元の復書（『黄檗和尚扶桑語録』巻第十二所収）中に、「余東応の時、衆を率いて胡跪哭留す。声泉石に振う」とあるように、かれらは痛哭して東渡の中止を懇願した。隠元はその誠意に感じしばらくためらったが、既に応請の書信を発したのちでもあり、その言を履もうとして東渡を決行することにした。しかし僧衆・檀越らの気持を察し、三年で帰山することを約したのである。そのことは、大参（官名）陳乾庵・少司寇（官名）林左給諫（官名）林二檀越・文学（官名）林月樵・同陳允寧・同林恵風・雲嵩・長崎奉行甲斐庄喜右衛門（正述）らに宛てた隠元の書信（『黄檗和尚扶桑語録』巻第十・十一所収）、隠元に宛てた即非如一の書信（『即非禅師全録』巻之十三所収）その他によって明らかである。

六十三の誕辰を予祝す

隠元の東渡がいよいよ決まると、その年の隠元の誕祝（十一月四日）に間に合わないので、古黄檗の役僧・大衆らは、諫垣（官名）張田中・銓部（官名）林涵斎・孝廉鄭康成・林勉・王奐・宋爾豪・謝雷震・周渼・明経薛鎔・鄭沢・文学（官名）呉楷・方潤・陳匡正・葉琅・陳震・都閫（官名）安国賢らとともに寿詩を作って、あらかじめ誕辰を祝った。これらの寿詩はのち集められ、『黄檗和尚寿章』と題し版行されている。

東渡

隠元は獅子巖に住していた法嗣慧門如沛に古黄檗の法席を継がせ、順治十一年＝承応三年（一六五四）五月十日に辞衆上堂し、「洪波の千万頃を撥尽し、拈華の正脈東に向って開く」の盛句を残し、即日啓行した。その日は汶石の晃法姪に迎えられて資福寺に宿り、次いで莆田県城に至って城内の鳳山永福寺に寓すること五日、その間に満鎮台・銭参軍・厲指揮らに請われて上堂し、法要を説いた。二十日に泉州（福建省泉州府）に至り、法嗣木庵性瑫に迎えられて府城内の開元寺に入り、大学士黄東崖・法弟亘信らの訪問をうけた。同寺に数日間滞在し、木庵に送られて六月三日厦門（アモイ）（中左）に至り、そこで木庵と別れ、同地の仙巌に寓した。寓居中に鄭建国（鄭成功の従兄鄭彩）および諸勲鎮の訪問をうけ、また許欽台のために列祖図の序を作っている。

かくて六月二十一日、鄭成功の仕立てた船に乗り込み、

江頭に臂（ひ）を把（と）って涙衣を沾（うるお）す。

道義恩深うして忍び難き時、

老葉蒼黄格外に飄（ひるがえ）り、

新英の秀気中枝（ちゅうし）に発す。

因縁会合（いんねんえごう）能く累（るい）無し。

言行相孚（かな）う豈（あに）移る可けんや。

暫く離す故山峰十二。

碧天雲浄是れ帰期。

という別離の偈（げ）を見送る諸子に残し、厦門（アモイ）港に開帆して一路東航し、七月五日の

夜長崎に着岸し、翌六日の早朝逸然性融初め唐三ヵ寺の僧俗に迎えられて興福寺に入ったのである。

東渡の随従者

東渡に随従した者には、独言性聞(六十九歳)・独知(慧林)性機(四十六歳)・大眉性善(三十九歳)・惟一道実(三十五歳)・独吼性獅(三十一歳)・独湛性瑩(二十七歳)・南源性派(二十四歳)・雪機定然・古石性栄・楊津・良哉らがおった。総数三十人といわれ(『獅林老和尚広録』巻第九・七十寿開戒上堂)、その中には良健・良静・独痴・誠善・宗範・惟聴・慧満・元福ら(いずれも翌年帰唐)もおった(『長崎実録大成』第五巻)といわれている。ちなみに、雪機定然は木庵の弟子で、木庵が本師隠元の身の上を案じ、特に随伴させたのである(『黄檗木菴和尚年譜』)。

三　東渡の反響

渡来当時の仏教界の状況

隠元が渡来したのは、長崎の出島にオランダ商館を移し鎖国が完成してから十三年後、四代将軍家綱が襲職してから三年後の承応三年(一六五四)である。当時のわが仏教界をみると、元和元年（一六一五）に完成した各宗ごとの寺院法度によって、寺院の本末関係が定められ、これにより末寺はほとんど絶対に本寺に服従しなければならなくなっていた。それとともに、本寺と末寺の間に多くの階級が設けられ、この階級に従って僧侶の格式に相違を生じ、仏教界は一般に甚しい階級観念にとらわれるようになっていた。また新義・異義の禁止によって、仏教各派はその発展を抑えられていた。幕府がキリスト教禁制の必要上宗門改を創め、檀家制度によってあらゆる人民を仏教のある一派に帰せしめた結果、僧侶は半ば幕府の公吏に等しい実権を握り、自然とその勢いを恃んで驕傲（おごりたかぶる）になるとともに、安逸惰眠をむさぼる傾向を生じてきた（辻博士著『日本仏教史・近世篇之三』第十章参照）。他方、新たに寺院を建立することは、寛永八年（一六三一）以来禁止されていた。この禁令は完全には実行されず、諸国にじゅうぶん徹底しなかったとはいえ、幕府・諸藩はつとめて新寺の撤廃をはかっていた。要するに当時の仏教界は、幕藩体制の枠の中に閉じ込められて活動の自由をえず、衰微沈滞していたときである。このようなときに隠元が渡来して、果してどのような反響をよび起したであろうか。

東渡早くから一部僧俗の間に知られる

そもそも隠元が渡来することは、早くから一部僧俗の間に知られていた。了翁道覚(高泉性潡の法嗣)が、「大清国に隠元禅師という者あり、本邦の請に応ず。実に千載の一遇」であると聞き、一禅友とともに江戸を発して西下し、備前(岡山県)に至ったが、隠元の東渡がまだ定まらないと聞いて同国の国清寺に寓居したのは、隠元の渡来より二年前の承応元年(一六五二)、すなわち逸然の第一請啓・第二請啓の発せられた年である(『了翁覚禅師紀年録』)。豊前(福岡県)小倉の広寿山福聚寺第二代法雲明洞(即非如一の法嗣)の養母上条氏も、承応元年秋死去する前に法雲に向い、もし隠元が渡来したら随従して出世の舟航とするようにと諭している(『即非禅師全録』巻之二十四・題心光寿栄信女影)。肥前(佐賀県)小城の得峰居士も、早くから隠元の東渡することを伝聞していた(『隠元禅師興福寺語録』書問・復得峯居士)。

渡来当時の反響

以上の例によってもわかるように、隠元という高僧が東渡するとの風聞は長崎以外の地にも早くから伝わっており、一部僧俗の心を動かしていたのである。そしていよいよ東渡する段になると、長崎を中心として肥前・肥後辺の僧俗間に大きな反響をよび起すことになった。そのことは、長崎の興福寺において隠元に参じた了翁道覚が、当時の状況を回想して、

> 隠老（隠元）ノ来朝必定近ニ有ト、四方ノ群口日々ニ喧動ス。（中略）今茲秋七月六日着岸ス。肥之前後両州（肥前肥後）ノ男女老少路傍ニ羅拝（つらなり拝す）シ、僧俗貴賤堂上ニ雙迎シテ直ニ東明山興福禅院ニ安座セラル。（『了翁祖休禅師行業記』）

と述べているのでわかる。

興福寺の開堂演法

承応三年（一六五四）七月六日興福寺に進んだ隠元は、逸然性融・衆檀越に請われて十八日開堂演法した。「僧俗の環聴する者亡慮数千」（『国師譜略』）といわれ、長崎奉行甲斐庄喜右衛門（正述）・黒川与兵衛（正直）も参謁し、すこぶる盛大であったようである。

興福寺在住の反響

東渡する前からそうであったが、いよいよ東渡し、興福寺に在住するようになると、わが国の僧俗間にますます大きな反響をよび起すようになった。当時長崎におった向井元升は、そのことについて、隠元は臨済三十二世的伝の祖師、大唐中にも稀有の大善知識、釈迦・達磨の再来であるとて、僧俗男女が入れかわり立ちかわり、夜となく昼となく参拝し、法名を望むもの限りなく、特に関山一派（妙心寺派）の僧衆は、「老僧も若僧も紫衣も黒衣も来々去々暇なく」、隠元の会下に二百余人ほど集まっている僧衆は、みな関山一派の僧衆といわれている、と語っている（『海表叢書』巻第一・知耻篇）。多少誇張もあるようだが、当時の様子を察することができる。

わが禅僧の中国禅匠憧憬

由来、わが国の禅僧たちは中国の禅林を憧憬し、中国の禅匠を景仰していた。このことは江戸時代の一部の禅僧たちにとっても、また同様にいえることである。一糸文守が常に宗風の衰弊を嘆じ、入明して師を求めようとしたが、国禁のため果しえなかったこと（『仏頂国師語録』仏頂国師塔銘并序）、あるいは竜溪宗潜（のち性潜と改める）が海を越えて入明し、師を尋ねて印可を受けようとしたが、国禁の故に所懐を果たしえなかったこと（『宗統録』・竜渓潜公大和尚御葬塔銘）、あるいは鉄牛道機（木庵性瑫の法嗣）が常に入明の志願を有していたが、これまた国禁のため果たしえなかった（『鉄牛禅師七会語録』・鉄牛禅師行由）ように、国禁さえなければ大陸に渡ろうとした例に乏しくなかった。

ひるがえって、江戸時代において隠元以前に渡来した中国僧には、真円・覚悔・了然・覚意・超然・黙子如定・普定・水月・逸然性融・無心性覚・古石性栄・百拙如理・浄達・覚聞・蘊謙戒琬・霊叟定龕らがおった（山本悦心著『黄檗東渡僧宝伝』）。かれらは来日華僑の建立になる興福寺（元和六年創建、南京地方渡来者の帰依寺、一名南京寺）・福済寺（寛永五年創建、泉州・漳州地方渡来者の帰依寺、一名漳州寺）・崇福寺（寛永六年創建、福州・東京地方渡来者の帰依寺、一名福州寺）、いわゆる長崎の三福寺におり、入港中の中国船から媽祖の像を預かり、在留中国人の弔葬等のことに当っていたが、絵画・工芸等の余技においてはともかくも、禅匠としての資格に欠けていたためか、わが禅林に対しては、ほとんど反響をよび起さなかった。しかし真の禅匠の渡来は、少なくとも一部禅僧の間に待望されていたにちがいない。その待望は、道者超元の渡来によってようやく満たされた観があった。

道者超元の渡来とその反響

道者超元は、隠元の法弟亘信の法嗣で、隠元の渡来四年前の慶安三年（一六五〇）に渡来し、長崎崇福寺の第三代住持となった。学徳のすぐれた僧で、承応元年（一六五三）平戸城主松浦鎮信に請ぜられて平戸におもむき、同地の普門寺に寓して道俗を教化し、崇敬されていた。万治元年（一六五八、隠元渡来後四年）帰唐しているが、その会下に参じた者には、鵬洲碩搏・盤珪永琢・悦巌不禅・独庵玄光・雲山愚白・鉄心道印・月舟宗林・惟慧道定・普峰京順・黙室焉知・慧極道明・霊峰道悟・潮音道海らがおった（『南山道者禅師語録』『日本洞上聯燈録』その他）。

隠元の道望

隠元はこの道者超元の法伯であり、道望はるかにこれをしのいでいた。その中国にあるとき、関係交渉をもった宰官居士は、名前のわかるものだけでも約二百三十名ほどおり、法語・詩偈・題讃を請うものの多かったことは、語録・詩偈集をみるとわかる。康熙二十三年（一六八四）序刊の『福建通志』に、漢唐以来の福州府の仙釈二十四人を掲げているが、その中に隠元も加えられており、「開堂（古黄檗の開堂）に至り、大いに臨済の宗風を振う」と記されている。劉沂春が、「隠元大師は、又費老人（費隠通容）の高足為り。法眼円明にして機鋒猛烈、一門にして三たび宗旨を闡き幟を禅林に樹つ。誠に古今法中覯ること希なる者なり。是に由って、檀信の帰依沐化、啻に竜象奔馳し鳳麟畢く集るのみならず、（中略）其の閩地の為めに増重せらるること知る可き也」（『隠元禅師語録』序）と述べているように、福建省の僧俗間に景仰されていたことは疑いのない事実である。

一部禅僧の驚喜

この隠元の渡来によって、少なくともわが一部禅僧たちの待望は、完全に満たされた感があった。大坂大仙寺（妙心寺末）の湛月紹円が、広島禅林寺（妙心寺末）の虚櫺了廓に送った書信（妙心寺塔頭慈雲院所蔵）をみると、

黄檗山隠元大禅師行化の時至る。得々我が扶桑に神遊し、祖風を宣揚す。於

戯是れ何の幸ぞや。叢林衰替の秋に当り、適〻祖師の西来に遇う者、冷灰の復燃するが如し。孰か随喜せざらんや。

とある。隠元の渡来によって、わが一部の禅僧が驚喜した様子を容易に想像することができる。かくてわが臨済・曹洞禅侶のその会下に参ずる者多く、渡来三ヵ月後の承応三年（一六五四）十月十五日より始まった興福寺の冬期結制（冬安居）には、日・明の僧侶百余人が加わり、ここに興福寺は在日華僑の弔葬場から一転して、一方の大禅林となったのである。

四　興福寺・崇福寺結制

興福寺結制の状況

興福寺の結制には、独言性聞が西堂、虚櫺了廓が堂主になった。虚櫺は八月初めに興福寺に至り、隠元に参見して間もなく広島の禅林寺に帰るつもりでおったが、隠元および長崎奉行に引きとめられ、興福寺に集まっている日本僧の統率

虚櫺の眼に映じた興福寺の清規・法式

に当ることになったのである。結制の様子は、虚櫺が妙心寺塔頭(たっちゅう)仙寿院の法弟禿翁(とくおう)妙周に宛てた書信(川上孤山著『妙心寺史』所収、仙寿院に現存せず)中によく示されている。それによると、結制に加わった日本僧は七十人ばかり、中国僧は二十余人であるが、日本僧と中国僧は互いに言葉が通ぜず、そのうえ日本僧・中国僧ともに我慢(がまん)高く、初めのうちはややもすれば両者の間に事を生じ、虚櫺も非常に難儀し、隠元も日本における最初の結制なので、「一入(ひとしお)気遣の躰」であったという。

なお虚櫺は、興福寺の清規(しんぎ)が日本のそれと

興福寺本堂(長崎市寺町)

大いに異なる点の多いこと、食物についても一日に三度、茶菓は毎日の定式で、その間に不時の茶菓があり、大衆腹便々、大いに日本の禅林と異なる点のあることを述べ、さらに「朝暮の勤行のうち、大衆が方丈に至って三拝するが、これは日本になく、なかなか見事な作法である。上堂の儀軌は妙心寺のそれよりも大いに劣っているように思われる。朝暮勤行の末に行なわれる大衆の南無阿弥陀仏の行道は、鐘鼓・木魚等を鳴らし、拍子は面白いが、日本には不相応の儀式で、毎日耳障りである。坐禅の儀式はいかにも殊勝に見える。総じてよくよく見るに、外形は浄土宗に似、内は禅宗のように思われる」等の点を指摘している。これは明風の清規・法式に直接触れたわが禅僧の感想を述べたもので、隠元の家風、黄檗の宗風を考えるうえに注目すべきことである。

費隠に報じた興福寺結制の状況

明暦元年(一六五五)正月十五日解制後に、隠元は古石性栄を本師費隠のもとにつかわして書信を通じ、東渡後の状況を報じている(費隠は五月に江蘇省蘇州府常熟県の虞山維摩院でこの書信を受取っている)が、そのうち興福寺の結制について、言語が通ぜず当機の用を失するを免れないが、百余の僧衆は行業純一で、檀越らも心を尽して仏法を護念していると述べ、虚櫺の書信にいうように、日本僧と中国僧との間にややもすれば事生じ、「一入気遣の躰」であったというような点には、一言も触れていない。これは本師に心配をかけさせまいとする配慮に出たものかと思われる。それとも鷹揚な隠元は、虚櫺のいうようなことも案外気にかけず、感じたままを率直に述べていたのかも知れないのである。

興福寺山門を建つ

明暦元年正月解制後、興福寺には衲子の再び集まるもの従来に倍するようになった。隠元は寺が狭くて広く衆を容れることができないのを顧慮し、外堂及び茅房(便所)を建てて僧衆を住ませ、また諸方から贈られた茶儀をもって山門を建て、「祖道晦きこと久し。必ず東に明らかならん」との意によって東明山と額を扁した。

崇福寺に進む

四月に結制(夏安居)を始め、次いで五月二十三日に、王引・何高材・何懋齢・林守壂・魏之琰らの檀越に請ぜられて崇福寺に進み、即日開堂し、五年前に也懶性圭の果たしえなかった志願を果たし、檀越らの願望を満たした。六月に

崇福寺山門

崇福寺本堂（長崎市鍛冶屋町）

は崇福寺において結制し、興福・崇福両寺安居の大衆の接化に努めていたが、やがて興福寺では七月十五日、崇福寺では七月二十四日に解制し、同二十六日に興福寺にもどった。

長崎在住期間は、承応三年七月から翌明暦元年八月にかけての約一年間であるが、その間に隠元は大衆接化のかたわら、福済寺・春徳寺（片淵郷、臨済宗）・禅林寺（伊良林郷、妙心寺末）・末次園等を訪ねて紀詠を残し、あるいは多久愚渓居士・鍋島得峰居士らの問道の書に答え、大坂大仙寺の湛月紹円・近江（滋賀県）永源寺の如雪文巖（一絲文守の法嗣）らの書信に返書をしたため、長崎奉行甲斐庄喜右衛門（正述）の「瀟湘八景図」に題し、何一粟居士のために東坡の像讃を題しなどしていた。なお付近の国々の参謁者から偈を求められると、即座に書いてこれを与えていたが、その数が非常に多くなったので、檀越らは隠元が老齢で手筆を煩わすのを恐れ、参謁して偈を求めることを禁じたといわれている。

第四　普門寺在住

一　普門寺応請

妙心寺招請の企て起る

隠元は初め長崎の寺院に三年滞在して古黄檗に帰るつもりでおったが、隠元の意図とは別に、わが一部禅僧の間に、隠元を京都花園(はなぞの)の妙心寺に迎えようとする企てがおこった。妙心寺塔頭(たっちゅう)仙寿院の禿翁(とくおう)妙周は、隠元が渡来する三年前に、京都の書肆(しょし)から二—三十冊の書籍を買い取っているが、その中に偶然『隠元語録』二巻(崇禎十五年開版の『黄檗隠元禅師語録』)があり、これを読んで奇とし、竜安寺(妙心寺末)の竜溪宗潜(りょうけいそうせん)も禿翁からこれを借覧して、大いに奇としていた(『黄檗外記』)。そこで承応三年七月隠元が渡来すると、竜溪・禿翁の両人は特に心を動かし、率先して妙心寺に隠元を迎えようとしたのである。しかしこれに対しては、妙心寺内部に反対がおこった。

愚堂東寔らの反対

当時妙心寺には、禅の在り方について、戒律を厳格にする持戒主義と、持戒の形式を超越してしかも真実の道を行なう悟道主義との、二つの潮流があった。近江(滋賀県)の永源寺を中興した一絲文守や、念仏禅でその名を知られた雲居希膺が前者の立場をとり、愚堂東寔や大愚宗築が後者の立場をとった。隠元の渡来を契機として、前者の立場から隠元を支持し、これを妙心寺に迎えようとしたのが、竜溪宗潜・禿翁妙周および湛月紹円・虚櫺了廓・萬拙知善・大春元貞・千山玄松・竺印祖門らである。しかし後者の立場をとった妙心寺四派(竜泉派・東海派・霊雲派・聖沢派)の元老愚堂東寔らは、あくまでもこれに対抗し、わが山は一流相承の寺で、他山へも住せず、また他山の者も迎えないとし、関山一派の禅のあることを主張して、隠元を妙心寺へ招請する意見をしりぞけた(『禅文化』第18号所収、荻野純道氏「隠元禅師と黄檗山」参照)。

幕府隠元の普門寺招請を許す

そこで竜溪・禿翁・竺印(妙心寺塔頭竜華院開祖)らは、竜溪の住持地である摂津富田(大阪府高槻市富田町)

の普門寺に隠元を迎えることにした。隠元を普門寺に迎えるため特に奔走したのは、竺印である。竺印はまず京都所司代板倉重宗（周防守）に説いてその力をかり、その意見に従って江戸におもむいて幕府に請願し、大老酒井忠勝・老中松平信綱に説いて、大いに努力するところがあった。その結果、幕府では竜溪・禿翁・竺印らの申請にまかせ、明暦元年（一六五五）五月隠元の普門寺招請を許可し、六月一日作事奉行牧野成常（織部正）の名をもって、長崎奉行甲斐庄喜右衛門正述・黒川与兵衛正直、京都所司代板倉重宗（周防守）、大坂町奉行曾我近祐（丹波守）・同松平重次（隼人正）、五畿兼近江・丹波・播磨奉行水野忠貞（石見守）、丹波・近江奉行五味豊直（備前守）にそれぞれその旨を通達した（『普門寺所蔵文書』）。他方、竺印は竜溪・禿翁の請啓を所持して長崎におもむき、七月七日隠元に謁して請啓を手交しているのである。

普門寺の招請に応ず

普門寺の請啓に接することは、全く予想外のことであった。請啓に接すると、隠元は「老僧年邁いて遠く洪濤を渉る。長崎の信を践まば足りなん。那ぞ又遠応するに堪えんや」といって辞退したが、長崎奉行と竺印が懇請してやまなかったので、「老僧が去住自便を聴さば、老いたりと雖も必ず之れに応ぜん」といい、竺印が約束したのでついにこれに応ずることになり（『黄檗和尚扶桑語録』巻第八・答板倉防州太守）、七月下旬興福寺において竜溪に宛て承諾の復書（原本、大阪府高槻市富田町慶瑞寺所蔵）をしたためた。次いで長崎奉行甲斐庄喜右衛門・同黒川与兵衛の餞別の斎に応じ、八月九日興福寺において辞衆上堂し、慧林性機・大眉性善・独吼性獅・独湛性瑩・南源性派・独照性円・越伝道付・梅谷道用・独立性易および通事劉道詮らを伴なって即日興福寺を発し、普門寺に向ったのである。

普門寺指して東行す

興福寺を出発した隠元の一行は、その日の晩に諫早に至って民家に宿り、翌十日の夜、肥前（佐賀県）佐嘉城主鍋島勝茂の用意した船に乗って諫早江を渡り、肥前道中を経て十四日に小倉につき、同地の開善寺（妙心寺末）に宿った。次いで下関に渡って一宿し、それから瀬戸内海を東に航し、上関・津和を経、安芸（広島県）の釜狩で虚欞

普　門　寺（大阪府高槻市富田町）

に請われ登岸して付近を徘徊し、室津に宿り、九月五日に大坂の川口についた。その晩小舟に乗りかえて淀川を遡航し、翌六日の早朝摂津(大坂府)の唐崎につき、そこで竜溪・禿翁らに迎えられて陸路一里余、富田について普門寺に入った。

摂津富田の普門寺は、明徳元年(一三九〇)説巌宣の開いた寺で、無着道忠の『正法山誌』によると、もと東福寺派に属していたという。二代天叟清・三代松岡秀・四代月心照・五代明巌永・六代泰雲安・七代古月策と続き(『慈雲山普門禅寺住山名簿』普門寺位牌)、八代籌室玄勝のとき、妙心寺派竜安寺の末寺となった。竜溪は元和三年(一六一七)十六歳のときこの寺で得度して籌室の弟子となり、元和六年(一六二〇)五月籌室の寂したあとをうけて普門寺九代となった。慶安四年(一六五一)五十歳で妙心寺住持となって紫衣を着し、間もなく退いたが、承応三年(一六五四)五十三歳で再び妙心寺に住した。すなわち竜溪は、妙心寺住持の地位にあって隠元を普門寺に迎えているのである。

二　境遇の変化

板倉重宗来訪

普門寺に進んだ隠元は、初めのうちはなんらの自由も与えられず、一般僧俗の参見も禁ぜられていた。十月十二日に隠元は前京都所司代板倉重宗（前年十二月六日に所司代を辞し、この年十一月十五日まで京都に滞在）の訪問をうけ、渡来の事由を問われ答語一編を書いてこれに答えた。同月十九日に再び重宗の訪問をうけ、設斎茶話した。茶話はなごやかなうちに行なわれ、重宗は隠元から独真性空という法名を授かっている。かくて重宗来訪後は、僧俗が少人数ずつ忍びやかに隠元に参見する程度ならばさしつかえない、ということになった。これには、竺印の奔走も関係していたようである。

普門寺開堂

十一月四日に、隠元は板倉重宗・竜溪・禿翁らに請われて普門寺において開堂演法した。華僑によって建てられ、華僑を檀越としている長崎興福寺のそれと異なり、普門寺における開堂演法は当時として異数のことであり、隠元自身にとっても感慨深いものがあったろうと想像される。

幕府の慎重な態度

これよりさき、普門寺を訪れた板倉重宗は、十月二十二日に同寺の状況を幕府に具申した。幕府はその具申に基づき、十一月八日に阿部忠秋(豊後守)・松平信綱(伊豆守)・酒井忠勝(讃岐守)・酒井忠清(雅楽頭)の連名で板倉重宗(周防守)・京都所司代牧野親成(ちかしげ)(佐渡守)両人に宛てて書信を送り、注意を与えた。すなわち、「周防守の訪寺以後少人数ずつ隠元に参見しても苦しくないように申し渡したそうだが、今のうちは多人数にならないようにせられたい。ぜひとも隠元に会う必要のある者は格別だが、とかく多くの者が入り込んでは、隠元のためにもよくない。その点考慮し、永井日向守(直清、高槻城主)・小堀仁右衛門(代官)に時分を見計らって見廻るように申し付けられたい」と注意を与えているのである(『普門寺所蔵文書』)。隠元に対し、幕府当局がかなり慎重な態度をとっていたことがわかる。

僧俗の好奇心

普門寺に中国僧隠元がおることは、富田(とんだ)近在の僧俗間に大きなセンセーションをまき起していたようである。かれらの好奇心は、隠元を拝することができると伝え聞いて、一時に爆発した観があった。同年十一月親鸞の祥月（親鸞は弘長二年＝一二六二年十一月二十八日寂）に普門寺の近くの一向宗寺院に参詣した数千人の群集が、制止も聞かずに普門寺に入り込み、そのため竺印は重宗に呼び出されて大いに叱責され、弁解せざるをえなかったのである（『黄檗外記』）。

幕府、普門寺に隠元を留め置くことを許す

隠元を普門寺に招請した竜溪らは、その後さらに隠元を同寺に留め置くことを幕府に願った。幕府は翌明暦二年（一六五六）五月覚書を下してこれを許可したが、前年七月長崎に来航した木庵性瑫の普門寺に来ることを許さなかった（『慶瑞寺文書』）。次いで同年七月、幕府は再び普門寺に覚書を下し、㈠京都・南都・大坂・大津・堺津の五ヵ所に、隠元が十日・二十日ほどの在留で出かけることはさしつかえないが、出かける際、竜溪・竺印・禿翁のうちだれかが付添うこと。以上の五ヵ所以外に出かけたい所があったら、寺社奉行所に伺いをたてて指図をうけること、㈡

普門寺に集まる日本僧は二百人に限ること、㈢俗人の隠元への参謁は、竜溪・禿翁・竺印の三人協議のうえ、信心ある者に限ること、以上の点を通達した（『慶瑞寺文書』）。慎重に意を用いながらも、幕府の隠元に対する態度がしだいに緩和されてきたことがわかる。

初めて京都の諸刹を歴訪す

十月になって、隠元は禿翁・竺印に案内されて、初めて京都にのぼり、妙心寺・南禅寺・東福寺を歴訪した。妙心寺を訪ねたときの様子を、『黄檗外記』は次のように記している。

> 東叔云、隠元上京シテ先ヅ仙寿院ヘ来ラル。其時、町ヨリ等持院ノ前ノトヲリノ野ヨリネリテ来ル。引磬（インキン）ニテ導ク。見物雲霞（うんか）ノ如シ。仙寿（仙寿院）ニ雨宿シテサテ妙心ニ入リ、退蔵院ニ立ヨリ、開山塔等一覧シテ、頌（じゅ）作ル。常住ニ手跡アリ。サテ竜華院（りゅうげ）ニ来リ、三宿シテ富田ヘ帰ラル。

中国僧隠元を見ようとして都人士がひしめき合った様子が、「見物雲霞ノ如シ」

「獅林」の額（普門寺蔵）

とあるによって察せられる。

禅堂建立

この年、普門寺では幕府の許しをえて、禅堂を建てた（『慶瑞寺文書』）。現在普門寺には、「明暦丙申臘八日（明暦二年十二月八日）黄檗老僧隠元立」とある「獅林」の大額（縦一・二一メートル横二・七三メートル）がある。重層の法堂に掲げられたものと伝えられている。当時竜溪らが、隠元の宗風を挙揚しようとして大いに経営していたことがわかる。

普門寺の僧衆

明暦二年七月幕府の覚書によって、普門寺に集まる日本僧は二百人に限るということになったが、実際そののち普門寺にどのくらいの僧衆が集まっていたか、明らかでない。しかし寛文三年(一六六三)竜溪の定めた「普門寺家訓」(原本、慶瑞寺所蔵)に、「普門禅寺は黄檗老和尚開法住持、七たび寒暑を更う。海内の衲子輻湊の場」云々とあるところをみると、明暦二年七月以後は、かなり多くの僧衆が集まっていたものと思われる。

隠元に参見した日本僧の感激

普門寺を訪れた日本僧の中には、非常な感激をいだいて隠元に参謁したものがおった。一例を鉄牛道機(木庵の法嗣)の法嗣超宗如格にとると、超宗は宗碩といっていたころ、旧同参の某とともに隠元に普門寺に参謁したが、「纔に一見するに及んで、儼然として古仏に参ずるが如く、覚えず涙下って滂沱」たる有様であった。既にして林下の店に宿ったが、歓喜のあまり寝られず、幸いに尊容を拝することができたが、片言の慈誨を聞かなければ、宝の山に登り手を空くして還るに似ている。願わくば一則の話を問い、一指の教えを蒙って永く法縁を結ばば、幸いこれより大なるはないと語り合い、夜の明けるのを待って、再び請うて同参とともに参謁し、訳侍(通訳の侍者)を介して問答しているのである(『長興超宗禅師語録』巻第三・結冬期半監院等請上堂)。

普門寺に扶持米給与さる

竜渓らの素志は、あくまでも隠元を日本に引き留めることであった。そこで明暦三年（一六五七）二月と四月の両回、竜渓は江戸に下って幕府当局の間に奔走し、大老酒井忠勝を初め老中らを歴訪し、隠元を引き留めることについて懇願し、かつ隠元に紫衣を授かるよう奔走した。その結果は予期するようにはならなかったが、同年七月普門寺に対して毎月扶持米十五石が支給されることになった（『徳川実紀』『慶瑞寺文書』）。

参府登城して家綱に謁す

翌万治元年（一六五八）竜渓は再び江戸におもむき、隠元のことについて奔走するところがあった。その結果、幕府側では、とにかく一度隠元を江戸に呼びよせて会ってみようということになり、竜渓は七月普門寺にもどった。隠元は竜渓から江戸行化を請われて、初めのうちは辞退したが、たって請われたのでその誠意に従うことになった。隠元の一行は、九月六日に普門寺を発ち、東海道を経て同月十八日に江戸につき、湯島の天沢寺（妙心寺末、麟祥院）に入っている。翌十九日、幕府は老中松平信綱・寺社奉行井上正利をつかわして慰労した。十一月一日、隠元は竜渓・

禿翁・通事一人を伴なって登城し、将軍家綱に謁見して欄紙二巻・線香百本・唐墨十六挺を献じ、竜溪は『黄檗和尚華語録』六冊・『隠元扶桑語録』五冊・唐扇二本、禿翁は杉原一束を献じた（『柳営日次記』『徳川実紀』）。

江戸滞在中の隠元

江戸滞在中に、隠元は大老酒井忠勝の求めに応じ、忠勝が牛込の別邸に建てた長安寺（曹洞宗寺院）に至って忠勝の父忠利（泰雲建康大居士）を薦し、また老中稲葉正則に請われて、その開創した養源寺（妙心寺末）に至って世尊のために安座しており、さらに深川の海福寺を訪れ、寺主独本性源に請われて、同寺の勧請開山になっている。一日隠元は、天沢寺にあって、性浄道人の訪問をうけた。道人は隠元に帰国の意志あることを知り、なんとかして日本に引き留めようとし、伊勢神宮に人をつかわし神助により隠元を引き留め、わが国に利せしめようとした。隠元は一偈（五言十六句）を賦して、その誠信にこたえている（『雲濤三集』巻第一）。

普門寺に帰る

隠元一行は江戸に滞在すること七十日、十一月二十八日に天沢寺を辞して帰途につき、途中雲谷宗岫（妙心寺派の僧）に請ぜられて小田原在の紹太寺に立ち寄り、十二月八日岡崎城主水野忠善（監物）に請ぜられて岡崎城に信宿し、同月十四日に普門寺に帰った。

再び京都その他に遊ぶ

翌万治二年（一六五九）正月、隠元は弟子の独照性円に請ぜられて嵯峨の直指庵に遊び、同寺に留まること旬余、次いで西芳寺・天竜寺を尋ね、高雄山・愛宕山に登り、清凉寺（浄土宗、智恩院末）を尋ねた。二月には摂津（大阪府）麻田の青木重兼（端山居士）に請ぜられて、その開創した寺に仏座を安じ、「仏日重光」の義をとって仏日寺の額を題した（『雲濤二集』巻第二）。その後間もなく、淀城主永井尚政（信濃守、信斎居士）に請ぜられて宇治に舟遊し、興聖寺に宿り、同寺の奥にある朝日山に登り、平等院をおとずれ、舟で帰っている。

以上見てきたように、普門寺に進んだ隠元は、最初なんらの自由も与えられなかったが、竜溪らの奔走の結果、富田以外の地にも出向くことが許されるようになり、また幕府から扶持米の支給をうけ、特に江戸に下って将軍家綱に謁し、大老・老中らとも直接関係が生ずるようになった。かようにして隠元の境遇は徐々に変化していき、それにつれて帰国もしだいに延期され、ついには最初の予定を変更し、永く日本に留まる決意をするようになっていくのである。

三　日本滞留の決意

帰山を促す書信来る

隠元が古黄檗の僧衆・諸檀越に三年で帰山することを約して東渡したことは、既に述べたとおりである。この三年は、あしかけ三年であったようである。そこで東渡二年後の明暦二年(一六五六)四月には、早くも無上性尊(しょうそん)が古黄檗・諸宰官の書信をもたらして長崎に至り、約束に従って帰山するよう請うてきているのである。帰山を促す書信を通じてきたのは、国部(官名)劉魯庵(りゅうろあん)・冢宰(ちょうさい)(官名)唐梅臣・太史(官名)葉霞(か)丞(じょう)・少司寇(官名)林石竹・左給諫(官名)林雙城・太守(官名)林戒庵・孝廉(こうれん)唐洞惓(どうけん)・同官右敏・

同徐無依・文学（名官）林月樵・同陳允寧・同林恵風・同林士筌、長楽県の陳無庵ならびに法嗣の無得海寧・慧門如沛・虚白性願らである（『黄檗和尚扶桑語録』巻第十一・十二書問）。

右に対する返書

同年七月、隠元はこれらの書信に対し、それぞれ返書を送っているが、それらのうち林月樵宛の返書の中には、

去歳九月、摂州の普門に応ず。意外に出ず。今に迄る又一載、茲に諸檀の迎書に接す。即ち山に回って以て前約を践まんと欲す。奈せん、寺主（竜渓）の願未だ満たず。仍て大衆を率い懇留すること再四、その誠を卻け難し。遂に暫く之れを許し、以て冬期に応ず。明春解制後、吾が自便を聴さば、彼比周全、益〻老僧が為人の厚きことを見る也。（『黄檗和尚扶桑語録』巻第十二書問）

とあり、慧門如沛及び古黄檗の諸耆旧に宛てた返書の中には、

老僧山を離るること三載、遠域に在りて法縁に繫絆せらると雖も、一刻も祖山（古黄檗）を念わざる無し。（中略）又諸檀の書に接す。吾を迎えて山に帰らしむ。

理当に棹を返すべし。然れども普門に応じ、将に一載に及ばんとす。未だ曾て結制一番せず。衆等再三懇留す。誠に之れを卻け難し。故に許す。其れ結冬一期、来春完満、以て寺主（竜渓）の願を遂ぐるを俟って杖を移して帰山するも、未だ晩からざる也。（同上）

とある。

普門寺解制後帰山せんとす

すなわち、東渡以来、一日として古黄檗のことを忘れなかった隠元は、催帰の書信に接して西帰の意を竜渓らにもらしたが、再三懇留されるに及んでついにその意に従い、ともかく普門寺において冬期結制を行ない、翌年正月解制後に帰山することにしたのである。かくて隠元は長崎におる無上性尊に書信を送り、来春解制後ともに帰山しようといい、長崎奉行甲斐庄喜右衛門にも書信を通じ、来春再会するのを楽しみにしている旨を通じた。他方帰山の時期がせまり、再会期し難いことを思い、当時尾張（愛知県）の見性寺におった越伝道付（隠元に興福寺に参じ知客となる。のち寛文十二年木庵の法を嗣ぐ）

に書信を通じ、『隠元禅師全録』一部を送って別離の意を述べた。これに対して越伝からは、永く日本に留まって檗風を振起することを切望する旨の返書が送られてきた（『黄檗和尚扶桑語録』巻第十書問『越伝禅師語録』巻之上書問）。

竜溪、隠元の引留めに奔走す

明暦三年正月十五日普門寺の解制上堂がすむと、二日後の十七日に竜溪・禿翁は連名で寺社奉行安藤重長（右京進）・松平勝隆（出雲守）に書状を送り、去秋申し上げたとおり普門寺の安居（結制）が

竜溪・禿翁書状（高槻市，普門寺蔵）

一翰致二啓上一候。仍而去秋如二申上一候、爰元安居漸相済候ニ付、隠元禅師弥帰唐仕度由被レ申候間、御赦免被レ成候様ニ奉レ頼候。恐惶謹言。

正月十七日

禿翁
妙周（花押）

竜溪
宗潜（花押）

安藤右京進殿
松平出雲守殿

ようやく済み、隠元が帰唐したい由申すにつき、赦免願いたい旨上申し、別に同二十一日竜溪から作事奉行牧野成常(なりつね)に宛て、同趣意の書状を通じた(『普門寺文書』)。しかし竜溪らの素願はあくまでも隠元を日本に引き留めることであり、同年二月と四月の両回竜溪は江戸におもむいて幕府に奔走した。その結果、同年七月隠元に毎月十五石の扶持米が支給されるようになったことは既に述べたとおりである。かくて普門寺解制後帰国するつもりでおった隠元も、竜溪らの誠意に感じ、けっきょく帰国を延期せざるを得なかったのである。

費隠の催帰の書信来る

明暦三年七月、若一炤元(じゃくいっしょうげん)が費隠の書信をもたらして長崎に来た。書信の大要は

賢徒(隠元)、請を受け法を弘めて既に三載を経、亦甚だ盛んなりと聞く。急流勇退に当り、古人の語虚(むな)しからざるを思う。且つ故郷の法道は濫觴(らんしょう)の極、老僧力(つと)めて其の風を挽(ひ)くも、其の一二を正すこと能わず。望むらくは、賢徒急に来って綱宗を扶竪し、慧命を綿遠し、亦好んで逸老の計を作(な)し、老僧が朝

夕の注念を免れ得しめんことを。（原本黄檗山所蔵）

というにあった。長崎奉行は、書中の言切なるを思い、隠元の心を動かすことを恐れてこれを秘しておき、隠元が日本に留まることを承諾したと聞いてからこの書信を普門寺に発送したといわれている。隠元は十月費隠の書信に接して早速復書をしたため、国主・宰官・寺主（竜渓）らに再三懇留され、帰山を延期せざるをえない事情を述べて寛恕を乞い、「明年夏秋、或は辞して回り、即ち座下に趨る可し」といっている（『黄檗和尚扶桑語録』巻第十一書問・奉復径山大和尚）。

翌万治元年（一六五八）竜渓は再び江戸におもむき、隠元のことにつき奔走するところがあった。その結果、隠元の参府登城となったことはすでに述べた。この年六月、すなわち竜渓が江戸にあって奔走しているときに、古黄檗の住持慧門如沛・諸檀越および本師費隠通容の催簡が届いた。しかし参府登城等のことがあって、この年も暮れてしまった。

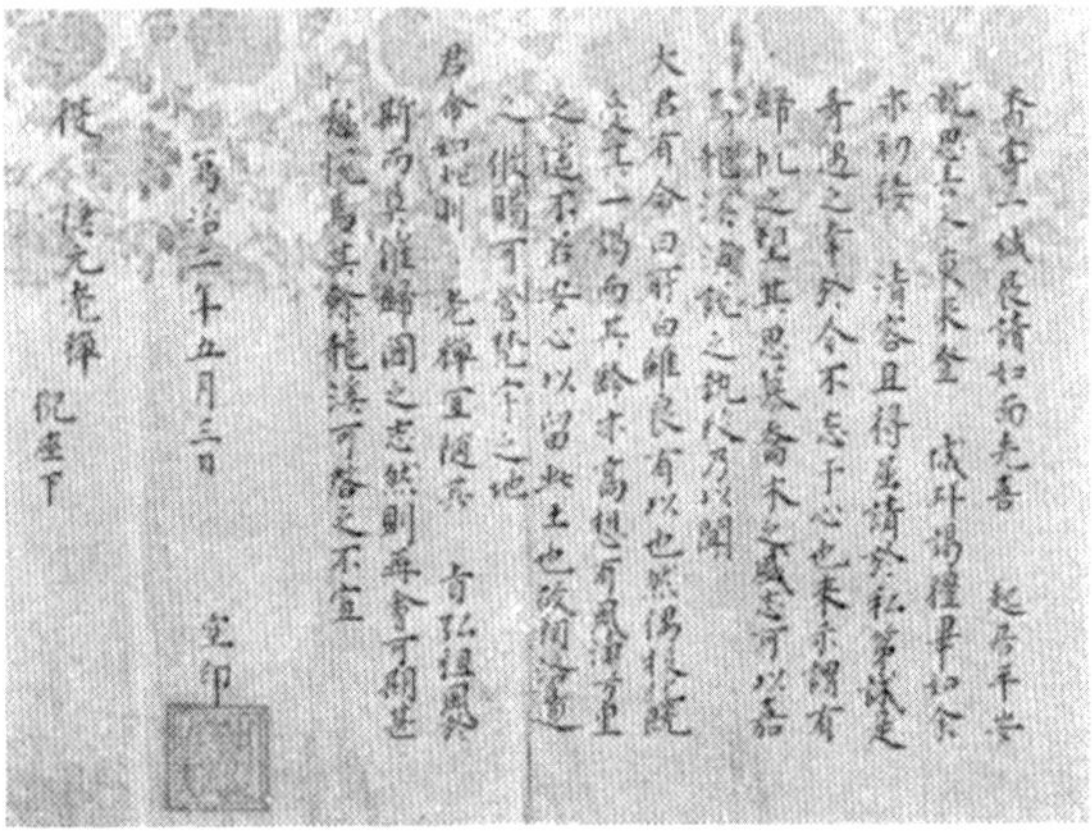

酒井忠勝書状（黄檗山蔵）

沓寄二一緘一。展読如レ面。先喜二起居平安一。就
思、去冬東来、登　城拝謁礼畢。如レ余亦初接二
清容一。且得レ屈二請　於私第一。誠是奇遇之幸、於
レ今不レ忘二于心一也。来示謂、有二帰帆之望一。其
思二慕喬木一之盛志、可二以嘉一焉。竜渓演二説之
執政一。乃以聞二
大君一。有レ命曰、所レ白雖二良有レ以也、然偶々投
化、既受二其一謁一。而其齢亦高。想有二風濤万里
之遙一。不レ若三安レ心以留二此土一也。故相二洛辺之
攸一賜下可レ営二梵宇一之地上。
君命如レ此。則老禅宜レ随二其旨一。弘二祖風於斯一、而
莫レ催二帰国之志一。然則再会可レ期。甚慰悦焉。其
余竜渓可レ啓レ之。不宣。

酒井忠勝に書信を通じ帰思を述ぶ

古黄檗に帰ろうとして幾たびかその機会を失していた隠元は、いつまでも帰山を延期するわけにもいかないので、万治二年（一六五九）竜溪を煩（わずら）わして江戸におもむき、酒井忠勝に書信を通じて帰思を伝えさせた。忠勝からは五月三日日付の返書（挿図参照）が届いた。その大要は、「帰帆の望みはもっともである。よってこれを将軍に伝えたところ、将軍の申すには、〃隠元のいうところ、まことに理由がある。しかしたまたま投化し、すでに謁見もしている。しかも高齢である。万里の風濤（ふうとう）を渡って故国に帰るよりは、心を安んじて日本に留るがよい。京都付近に土地を選んで、寺地を授ける〃とのことである。老禅よろしくその旨に従い、祖風をわが国に弘め、帰思を起さぬがよい」という、極めて丁重なものであった。

忠勝の言に従い日本に留ることを決意す

この書信に接して、竜溪らは、これこそ法門の盛事であり、済道（臨済宗）を中興するのはまさにこのときであるといい、ぜひ承諾するようにとしきりに勧めた。隠元も、そのいうところ理由があり、また折角東渡してても寄託するところがなくては、東渡が空しくなると考え、ついに受諾することに決し、忠勝に返書をしたため、一代の開山は千古の盛事であるといい、重大な任務を荷担(かたん)することを告げた。隠元が日本に留まることを決意し、忠勝にその旨を通じたのは、六月十八日の午前であるが、皮肉にもこの日の午後、古黄檗の住持慧門如沛(にょはい)の催帰の書信に接した。隠元は日本と法縁深く、まことに定数(定まった運命)の存することを思いながら慧門如沛に返書をしたため、実状を詳細に報じた。そして最後に、「今後催帰の書信を送ってきても無益である。すべからく力を協(あわ)せ、志を誓って祖庭(古黄檗)を守護せよ。これ自分の至望である」と結んでいる(『普照国師広録』巻第十六書問・復慧門首座)。当時長崎の福済寺にあって情状如何と待っていた木庵性瑫(しょうとう)も、慧門如沛に返書をしたため、「老人(隠元)丁酉の歳(明暦三年)よりしきりに帰思を動かし、しばしば檀越に辞したが、檀越これを留めること益〻切にして、法縁すでにここにあり、また自由をえない。故に今秋許諾(きょだく)して山を開くことになった。凡そ回唐することは期し難い」と述べている

（『木庵禅師語録』巻第十三〈書問・復黄檗慧門法兄〉）。

日本滞留を決意した心境

そもそも三年滞在の予定で東渡した隠元としては、摂津富田の普門寺に招請されたことさえ意外のことであり、まして京都付近に寺地を授かり、一寺を開創するようになるとは夢想だにもしなかったことである。本師費隠通容を初め、古黄檗の慧門如沛や宰官居士からしばしば帰山を促す書信を受け取り、その都度帰山の意をもらしていたが、東渡五年後の万治二年（一六五九）六月、ついにわが国に留まり一寺を開創することに決したのである。三年帰山の約束を破ったことは、たしかに心苦しいことであったにちがいない。しかし隠元の気持を忖度するならば、古黄檗には法嗣の慧門如沛が住しており、慧門が退いたのちもその弟子たち、あるいは慧門以外の法嗣およびその弟子たちがおるから、古黄檗の法席の維持には支障がない。古黄檗に帰るのもよいが、日本の権力者の意向に従い、新たに一寺を建立して開山となり、仏法を異邦に興隆する方がより有意義であると考えたことであろう。六十八歳の隠元の宗教的情熱は、かくして新たに燃えたったのではなかろうかと想像される。

ともあれ、隠元が初志をひるがえして日本に留まる決心を定め、後述するように宇治に一寺を建立し、禅宗黄檗派の開祖となるのは、渡来後の事情の変化によるのであって、その点隠元の法嗣木庵性瑫・即非如一・法孫高泉性潡の場合と揆を一にしている。

木庵の場合

木庵は明暦元年（一六五五）七月東渡して長崎の福済寺に進んで以来同寺に住すること五年、万治三年（一六六〇）十一月普門寺にのぼって隠元を省覲し、以後そのかたわらにあって法化を助け、のちには黄檗山第二代の法席を継ぎ、やがて日本において寂しているが、最初から日本に留まる希望を有していたわけではなかった。そのことは、「紫雲十詠」の序（『木庵禅師福済寺又録』所収）の中で、「自分は乙未（明暦元年）の秋諸子とともに帰唐しようとしたが、黄檗老人（隠元）の去住が未だ定まらないので、しばらく福済寺にあって待っていた」といい、また故国の鉄山定に宛てた復書（『木庵禅師語録』巻第十三書問所収）中に、「今冬乗船して帰国したいと思うが、ただ老和尚（隠元）が摂州普門寺の請におもむき、その進退が未だ定まらないので、しばらく福済寺に留まって情状いかんと待っている」と述べているのでわかる。

明暦三年東渡した即非は、「雪峰即禅師東渡弘法してより、父母の邦常に惓々として懐に在り」（『福唐僧宝伝』序）といわれ、即非自身も、「策を故山に返す、是れ山野が本願」である（『即非禅師全録』巻之十三書問・答青嶼居士）といい、「予回唐の念未だ嘗て暫くも輟まず」（同上巻之十四書問・復高泉敬玄二法姪）といっていた。したがって、隠元の帰山がおくれるのをみて、長崎の崇福寺から書信を送り、かなり激しい口調でその帰唐を促した（同上巻之十三書問・上黄檗本師和尚）。そして自分は故国の宰官に書信を送って帰国を約束し、隠元を省覲してから回棹しようとして寛文三年（一六六三）崇福寺を発って黄檗山にのぼり、在檗一年で西帰の途についたが、豊前（福岡県）小倉の城主小笠原忠真の帰依をうけて広寿山福聚寺の開山となり、同寺に住すること四年、長崎の崇福寺に退いてけっきょく同寺において寂しているのである。

高泉は寛文元年(一六六一)六月渡来したが、長崎崇福寺から黄檗山の諸法兄に宛てた復書(『洗雲集』巻第十九書問所収)の中に、

茲に老人(隠元)遠く召し、併びに本師(慧門如沛)の重委を承け、群公の与に命を負うて来る。(中略)一は老人の厳旨に遵い、一は本師に代って上寿す(隠元の七十の寿を賀す)。意うに一挙両当たり。然して後、老人に勧めて駕を帰さしめんと欲す。これ又其の大事なり。若し再び数年を越えば、老人老いたり、安んぞ回山の日有らん。某の志此に在り。行化を助揚せんが為めに来るに非ず。

といい、ぜひとも隠元に勧めて帰唐させようとする意図を表明している。そして同年九月黄檗山に至って隠元を省覲したが、その意図どおりにいかない事情を知ると、在檗数ヵ月にして、ともかく自分は暁堂道収とともに帰国しようとし、竜

渓から引き留められている（『竜渓和尚語録』巻之三・復高泉暁堂二禅師書）。かように最初日本に留まる意志のなかった高泉も、けっきょくは日本に留まり、伏見に仏国寺を開き、黄檗山第五代の住持となり、わが国において寂しているのである。

初め帰唐の考えをもっていた木庵・即非・高泉が帰唐せず、永く日本に留まり日本において寂しているのは、ともに渡来してのちの事情の変化によるのである。隠元の場合も、また同様であったのである。隠元が明末の騒乱を避けて渡来したという前提に立てば、「隠元が常に帰国を望んでいたというのは、潤飾の嫌いがないでもない。（中略）その来朝の動機より考うるも、我邦に留まりたい心は、十分に持っていたのであろう。（中略）幕府が普門寺に毎月百人扶持（十五石）を給与し、之に依って隠元は普門寺に滞留することになった。この扶持米給与に因って、隠元が留まったのを見ても、彼が我邦に留まりたい下心のあったことは知られる。その帰唐の意を漏したのは、其の待遇に不平があったからであろう」

（辻博士著『日本仏教史・近世篇之三』第十章第十二節）という見方も可能であろうが、かかる見方には賛成しかねる。

宇治に黄檗山萬福寺を開創す

日本に留まることになった隠元は、竜渓の斡旋で山城（京都府）宇治郡の一地方大和田の地を寺基にえらび、幕府から許可された。宇治郡岡屋郷の一部であった大和田・広芝・畑寺・岡本・新出の五ヵ村は、もと近衛家の領地で、特に大和田は後陽成天皇の女御（後水尾天皇の生母）中和門院前子の別荘のおかれた所として知られていた。この大和田の地に新建される寺は、万治三年（一六六〇）十二月十八日に、古黄檗の名をとって黄檗山萬福寺と称することになった。寛文元年（一六六一）正月、隠元は弟子の慧林性機を江戸につかわし、寺地を授かり一寺を開創するに至ったことを謝するとともに、土木のことは歳月久しきを要するをもって、まず開堂晋山の儀を挙げんことを請うた。四月に酒井忠勝から返書（黄檗山所蔵）が届き、伽藍はよろしく寛緩運に任せ、自然成功を待つようにと告げてきた。五月八日に開創の工事を始め、閏八月二十九日に晋山（進山）することになるのである。

文治政治の現われ

　そもそも隠元が渡来してから黄檗山に進むまでの七年間（承応・明暦・万治）は、四代将軍家綱の初世で、大老に酒井忠勝、老中に松平信綱・阿部忠秋、一族に紀伊頼宣（よりのぶ）・水戸頼房（よりふさ）・保科正之（ほしなまさゆき）、元老に井伊直孝（なおたか）・榊原忠次（ただつぐ）らがおって、幼少の家綱をよく輔佐していた。これらの諸老の施設は、前三代の武断政治のあとをうけて、すでに文治政治に転向しつつあった。竜溪らの懇望に応じて隠元を普門寺に招請することを許可し、初め慎重な態度をとりながらも隠元に対する態度をしだいに緩和していき、やがてこれを江戸に呼び寄せ、山城宇治に寺地を与えて一寺を建立させるようになるのは、のちに黄檗山に寺領を寄せ、黄檗山伽藍の増建費を寄付したこととともに、文治政治の一つの現われともいうべく、かたがた中国文化に対する為政者の関心の高まりを示すものとみることができよう。

四　妙心寺側の反感

隠元に対する反感起る

普門寺在住中に、公家・大名・幕臣との交渉がしだいに深まり、庶民の間に有力な外護者（げごしゃ）が現われてきたこと（後述）が注目されるが、他方見のがすことのできないのは、竜溪および隠元に対する反感が起ってきたことである。『普照国師年譜』明暦元年乙未（いつみ）の条をみると、「師（隠元）普門寺に到りてより、四方の道俗疑信相半ばにして、是非蜂の如く起る」とある。この表現には幾分誇張があるようだが、隠元自身も普門寺から古黄檗の独耀性日（どくようしょうにち）に宛てた復書（『黄檗和尚扶桑語録』巻第十二書問所収）中に、「老僧六十有三にして、日国の誠信に応ず。また好悪真偽の論有り。（中略）一切之れを不聞不知に付す。久しければ自ら消し、真偽了然たらん」といっているように、隠元に対する反抗感情が起ってきたことは事実である。

妙心寺側の反感

そもそも隠元の渡来当初、妙心寺派のものは「老僧も若僧も紫衣も黒衣も来々去々暇なく」隠元の会下（えか）に参じたが、やがて隠元を妙心寺に招請する問題を中心として、愚堂・大愚らの一派と、竜溪・禿翁・竺印らの一派との間に、対立を生じ、後者が妙心寺への招請を断念し、幕府に奔走して隠元の普門寺招請を実現させたことは、すでにみてきたとおりである。かかるいきさつから、妙心寺側に隠元・竜溪らに対する反抗感情がしだいに起ってきた。当時妙心寺四派の重望を負うていた愚堂東寔が、普門寺からもどってきた大春元貞に向い、「元来隠元は礼法を知らぬ。老僧は日本禅林の長老である。隠元が日本に化を弘めようと欲するならば、まず老僧のもとに来り謁すべきである。しかるのちに、その分に従い生を度するもおそくない。老僧がもし中国に入るならば、必ずかくの如くする。竜溪の輩、禿頭皺面老成の器量なく、ひたすら他の屋裏に向って顛倒狼狽している。実に憐愍すべきものである」と語ったという『黄檗外記』の記事は、隠元・竜溪らに対する妙心寺側の反抗感情を反映するものと思われる。

竺印と竜溪の対立

かような空気が醸成されているところに、最初隠元の普門寺招請、日本への引き留めに協力し、行動を共にしてきた竺印と竜溪の間に対立が起ってきた。両者の間に対立の起った理由は明らかでないが、万治元年(一六五八)九月隠元の江戸下向当時、竺印はすでに竜溪と袂を分かち、隠元の引き留め運動から手をひいていた。翌万治二年九月には妙心寺において開山関山恵玄の三百年大遠諱が行なわれたが、これを機会に禿翁も隠元のことから手をひいている(『黄檗外記』)。一方この年には、竜溪の奔走が功を奏して幕府から山城宇治郡大和田の地が隠元に与えられ、寛文元年(一六六一)五月から黄檗山の開創工事が始められることになった。このことは妙心寺側にとっても驚異の事実であったに相異なく、かたがた以上の事情とからみあって、隠元・竜溪に対する反抗感情がしだいに強められていったようである。なおこの点については、のちにふれることにする。

第五　新黄檗在住

一　新黄檗住山

古黄檗と新黄檗

江戸時代の檗僧らは、福建省福州府福清県の黄檗山萬福寺を古黄檗（または古檗）・唐黄檗といい、山城宇治（京都府宇治市）の黄檗山萬福寺を新黄檗・今黄檗といって、両者を区別していた。本書では便宜上、宇治の黄檗山萬福寺を以下単に黄檗山とよぶことにする。

黄檗山に進む

隠元は寛文元年（一六六一）閏（うるう）八月二十九日に、七十歳で黄檗山に晋山（しんさん）（進山）した。長崎に渡来してから七年二カ月後のことである。晋山当時の建物は総門（広三間）・西方丈（広十二間深六間）・執事寮（広九間半・深三間と広七間半・深三間）・厨下（ちゅうか）（広十二間深四間）・双鶴亭にすぎなかったが

（『黄檗建立殿舎記』）、隠元は「新たに黄檗を開いて禅基を壮んにす、正脈流伝海外奇なり」、「一片の太和道義を温め、千秋黄檗宗綱を振う」などと詠じ（『黄檗和尚太和集』初到檗山偶成）、一山開立の堂々たる意気を挙揚した。

七十の誕辰

晋山してから約二ヵ月後の十一月四日に、隠元は七十の誕生日を迎えた。この誕生日を祝するため、高泉性潡・暁堂道収の両人は古黄檗の慧門如沛の命をうけ、閣部劉魯菴・参藩陳沁斎・温陵文淵閣大学士黄東崖らの寿文をもたらし、同年八月長崎に着岸し、九月登檗しているのである。誕生日の当日は、合山の僧衆が斎を設けて慶祝し、隠元は古稀の歌を作ってこれに答えた。このときの寿文・寿詩はのちに集められて、『黄檗開山和尚七秩寿章』と題し、版行されている。

費隠示寂の報に接す

この慶祝があってから十五日後に、隠元は本師費隠通容の訃報に接した。すなわち、十一月十九日の申の刻（午後四時）に費隠の遺嘱と末後事寔一封が届き、三月二十九日に費隠が浙江省嘉興府崇徳県の福厳寺において示寂したことを知ったのである。

古黄檗退院後の費隠

費隠は、崇禎九年（一六三六、四十四歳）春古黄檗を退いてから順治十八年（一六六一、六十九歳）三月寂するまでの二十五年間に、福建省建寧府建安県の蓮峰院（崇禎九年七月二十五日入院）、浙江省温州府永嘉県の法通寺（崇禎十年八月十五日入院）、浙江省嘉興府海塩県の金粟山広慧寺（崇禎十一年七月二十九日入院）、浙江省寧波府鄞県の天童山景徳寺（順治三年十月十一日入院）、江蘇省松江府華亭県の超果寺（順治六年十月二十七日入院）、浙江省嘉興府崇徳県の福厳寺（順治七年四月二十二日入院）、浙江省杭州府余杭県の径山興聖万寿寺（順治七年十月二十七日入院）、江蘇省蘇州府常熟県の虞山維摩院（順治十二年二月入院）、江蘇省淮安府塩城県の永寧院（順治十三年四月四日入院）等に歴住し、最後に福厳寺に再住（順治十四年立夏後三日入院）しており、この二十五年間に六十二人の嗣法者を出している（『費隠禅師語録』『径山費隠禅師紀年録』）。

隠元の惆悵

費隠の示寂を知った隠元は、惆悵（いたみ悲しむ）これを久しうした。おもえば崇禎十七年（一六四四）金粟山広慧寺に省観し、数ヵ月間その会下にあったのが最後である。爾来星霜を経ること十七年、その間に、隠元は費隠の厳訓をうけて逸然らの招請を辞したこともあるが、三たび請啓に接するに及んで東渡した。そののち明暦三年(一六五七)・万治元年(一六五八)の両回、費隠の帰唐を促す書信を受理し、帰山を約束しながら果さず、黄檗山の住持となってその訃報に接したのである。訃報に接した翌日、隠元は費隠の法像を掛けて祭り、次いで二十五日に初七日の法要を行なっているが、当日の祭文中に、「更に歉らざる所のものは、召し回すを承くること二書、教誡諄諄、最親最切、婆心畢く露るることを徹見して、未だ覿面以て師資の命を快くすることを得ざりしことを。罪焉より

黄檗山法堂

大なるは莫し」(『黄檗和尚太和集』)といって、その真情を吐露している。ちなみに終七の祭(四十九日の法要)は、十二月晦日に行なっているのである。

祝国開堂

晋山した翌年の寛文二年(一六六二)に、黄檗山には法堂(広十間深九間)・浴室(広十一間深三間)が建てられた。法堂は、同年七月酒井忠勝が死去する際、遺命して寄捨した黄金千両をもって建てられたものである。かくて翌寛文三年(一六六三)正月十五日に、隠元はこの新建の法堂において、京都所司代牧野親成・諸山の碩徳ら参集のもとに盛大に祝国開堂を行なった。ここにわが国の禅宗は、臨済・曹洞の二派に加えて新たに黄檗の一派が開立されることになった。老僧隠元の感慨もまたひとしお深かったろうと思われる。

寺領の寄進

祝国開堂があってから二ヵ月後に、黄檗山には幕府から寺領が寄せられた。『雲濤三集』に、「癸卯(寛文三年)三月廿三日、太和村等の銭粮田地四百石を賜わり、以て萬福禅寺の法喜禅悦の需に給することを蒙る」とあるのがそれである。『新黄檗志略』によると、寺領の内訳は、大和庄田園十三町六段七畝九歩・収米百八十五石六斗五升五合、広済村田園五町四段六歩・収米七十三石五斗五升一合、福田村田園三町六段八畝二歩・収米五十石四升九合、日新村田園七町七段一畝十五歩・収米六十四石八斗三合となっている。すなわち、計三十町三段十七畝二歩・収米三百七十四石五升八合ということになる。

伽藍寮舎の整備

この年黄檗山には、禅堂(広十間 深九間)・東方丈(広十二間 深六間)・執事寮(広九間深 二間半)・侍者寮(広十二間 深三間)・行者寮(広四間半 深二間半)・竹林精舎(しょうじゃ)(広七間 深四間半)が建てられ万松岡(ばんしょうこう)下に松隠堂が建てられている。

(『新黄檗志略』所収)

右のうち竹林精舎は、旗本の近藤貞用（語石居士）が黄金百両を寄捨して建てたものであり、松隠堂は、関備前守長政（梅岩居士美作国に一万八千七百石余を領す）の夫人松仙院蘭室性温が死去（寛文三年四月十五日）の際遺命して寄進した江戸の邸宅を海路運び来って建て直したもので、その工費も同夫人の寄捨した黄金二百両によって支弁されたのである。

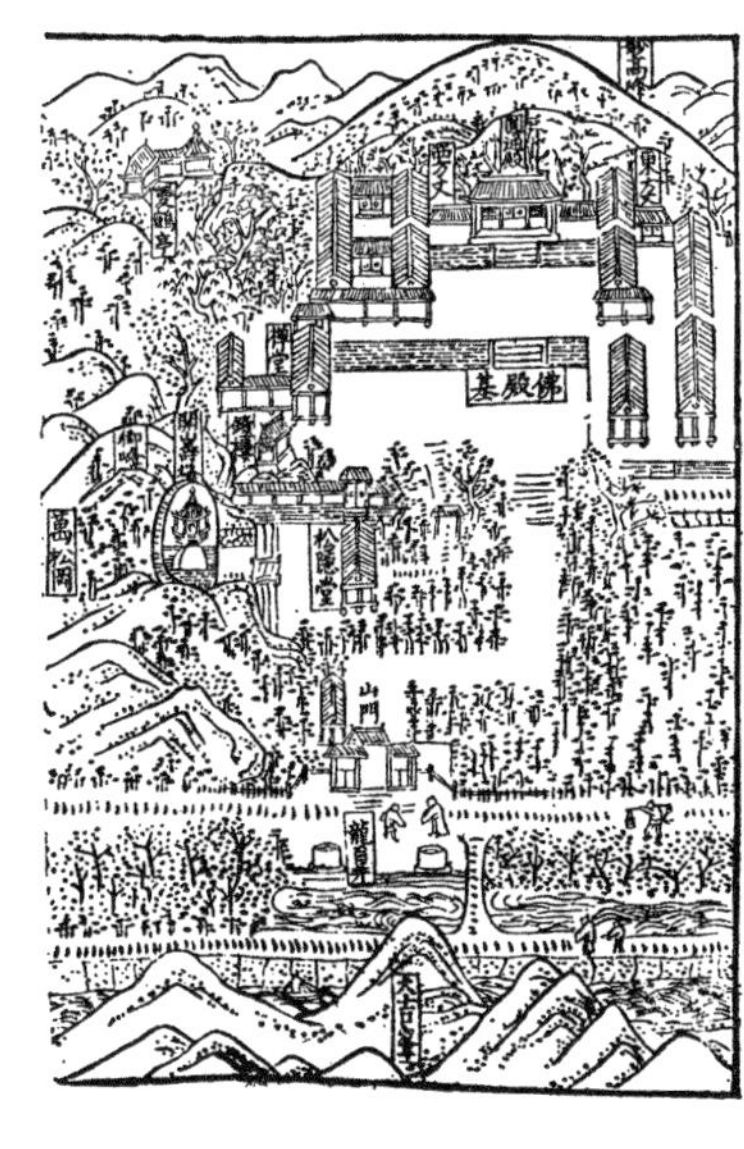

隠元住山当時の黄檗山図

仏像の彫造

伽藍寮舎を整備するとともに、隠元は伽藍内に安置する仏像の彫造に心を配った。すなわち寛文二年（一六六二）福建省泉州府の仏工范道生（字は石甫）を招致して、観音・韋駄天・伽藍神・祖師（達磨）・監斎（僧食を監護する神）・弥勒・十八羅漢等の諸像を彫造させて

范道生作，十八羅漢像（一部）（黄檗山蔵）

范道生作，弥勒菩薩像（黄檗山蔵）

いる。これらのうち、十八羅漢は京都太秦法光院の独妙性微の勧めにより、奥州白河城主本多忠平（下野守）が弟忠利・忠以らとともに故妣（亡き母）法光院妙雲性敬夫人の七周忌を薦するため寄捨した浄財によって彫造されたもので、その用材には、日向（宮崎県）延岡城主有馬康純の寄捨した香材が使用され、寛文三年冬に着手され翌年八月に開光が行なわれており、弥勒は寛文三年十一月末に完成している（『即非禅師全録』巻之二十詩偈・阿羅漢有序、『峨山稿』下・法光妙老宿伝、『洗雲集』巻第三・合相吟并序）。

黄檗山の僧衆

晋山当時、黄檗山にどのくらい僧衆がおったか明らかでないが、晋山の翌年の寛文二年（一六六二）の冬期結制には、既に五百人に近い僧衆がおった（『潮音禅師行業記』）。寛文三年の冬期結制の際も僧衆は五百人に近く、木庵性瑫・即非如一が両堂（前堂・後堂）首座、竜溪性潜・独湛性瑩が西堂となって法化を助けていた。けだし晋山以来の盛況であったと思われる。

黄檗三壇戒会を開く

寛文三年の冬期結制中十二月一日に、隠元は黄檗山に戒壇を設け、いわゆる黄檗三壇戒会を開いた。黄檗三壇戒会は、今後黄檗山における重要な法会となるので、少しく説明を加えておく。

三壇戒会の必要

黄檗三壇戒会は、黄檗派下二十歳以上の未受戒の僧に対し、前後八日の間に、初壇に三帰五戒八戒沙弥十戒法、二壇に比丘二百五十戒法、三壇に菩薩十重四十八軽戒法を授ける法会で、隠元以後黄檗山の歴代住持は、特別の事情のない限り、晋山後三－四年目に開く例になっていた。それというのが、黄檗派の平僧（黒衣の僧）は、出家剃度の節五戒八戒沙弥戒をそれぞれ師匠から授かるが、比丘二百五十戒・菩薩十重四十八軽戒は、黄檗山において授ける例になっており（延宝二年以来江戸白金の瑞聖寺においても授けるようになる）、これらの戒を授からない僧は、老年になっても沙弥の位階同様の身分で、大僧比丘の位階（和尚位）に進むことができず、したがって出世等にも差支えることになるからである（『文政八年二十七代知客寮須知』）。この黄檗三壇戒会を黄檗山において最初に開いたのが隠元であり、しかも隠元は、この三壇戒会の順序・方法を詳細に記した『弘戒法儀』を早くから編正しているのである。

『弘戒法儀』の編正・開刻

隠元の編正した『弘戒法儀』は、天啓三年（一六二三、隠元三十二歳）明の北禅寺住持三峰法蔵が雲棲袾宏の『具戒便蒙』等によって撰した『弘戒法儀』三十三章の中から十四章を選び、別に一章（堂頭和尚方丈付衣法儀）を加えて十五章としたものである。その編正年次は明らかでない。隠元は古黄檗に晋山開堂して以来、剃度の弟子には沙弥の十戒を授け、年長ずるに及んで次第に登壇受戒させて三衣一鉢（大衣・七条衣・五条衣と応量器）を付していたが、わが国に授戒会が行なわれていないのをみて甚だ遺憾に思い、『弘戒法儀』を開刻することにした（『黄檗和尚太和集』巻第二書問・復示寮林禅人）。日本で開刻された『弘戒法儀』で著者の目に触れた最初のものは、渡来四年後の万治元年（一六五八）、隠元の普門寺在住中に釈道光（寛文十年五十七歳で寂した惟明道光か）が清心・清雲・妙空・元同・常有らとともに捐資重刻したものである。その後さらに二種類の『弘戒法儀』が版行されているが、ともにその版行年次は明らかでない。いずれにしてもこの『弘戒法儀』に依拠して黄檗三壇戒会が初めて開かれたのが、上述の如く寛文三年十二月一日である。隠元は古黄檗に開堂して以来説戒十六度に及んでいたが、わが国において戒会を開いたのはこれが最初であって、受戒者数百人（『東渡諸祖伝』）、四方の者見聞して帰依し、戒法の遭い難きに感激し、流涕してやまない者すらおったといわれている。

竜溪・独湛への付法

寛文四年（一六六四）正月解制後、隠元は近江蒲生郡松尾山村（滋賀県蒲生郡日野町松尾）の法輪山正明寺の請におもむく竜溪に付法し（これより宗潜を性潜と改む）、次いで同年五月、旗本の近藤貞用（語石居士）に請ぜられて遠江（静岡県）引佐郡金指におもむく独湛性瑩に付法した。これより先き承応三年（一六五四）冬、隠元は長崎の興福寺から中国における広超弘宣・良照性杲のもとに払子を送り、明暦二年夏摂津の普門寺から同じく中国における常熙興燄のもとに払子を送り、それぞれ付法している。これらと合わせて、渡来後寛文四年までの十年間に五人の法嗣を新たにもつことになった。これらのうちで、特に竜溪への付法は、日本僧に対する最初の付法として注目される。竜溪ときに六十三歳で、ここに竜溪は妙心寺派から黄檗派に転ずることになったのである。ちなみに、竜溪が隠元から源流（書嗣）・法衣を送られたのは、寛文九年四月八日である。

常住薪火の費を償う

隠元が黄檗山に住していたのは、寛文元年（一六六一）閏八月二十九日から同四年九月三日までの三年間である。この期間中に、黄檗山の伽藍寮舎・諸仏像がしだいに整えられ、幕府から寺領を寄せられ、冬期結制の際五百人に近い僧衆になったことは、以上みてきたとおりである。しかして住持隠元は、これらの僧衆に対し、常住（寺の台所）の粥飯・蔬菜等すべて信施より来る、浪りに用い私に用いてはならぬ、と常に戒めていた。そして自分は老齢に達していたので、冬夜に湯をもって足を洗っていたが、侍者に命じて銭を常住に納めさせ、常住薪火の費用を償っていた。このことは、常住物護惜（大切にする）の精神から出たものにはちがいないが、江戸時代における黄檗山の経済のしくみと関連させて考えるとき、見落してならないことである。この点については、少しく説明を要する。

黄檗山経済の特色

江戸時代における黄檗山の経済について注目すべきことは、住持の経済が常住の経済から独立していたことである。このことに関し、元文五年（一七四〇）閏七月十二日、黄檗山の役僧雲宗・格外が寺社奉行所に提出した覚書（『本山十四代参府記事』所収）には、

> 黄檗山の儀、（中略）住持身分に付入用の儀は、住持自力を以て相弁じ来り候格式にて、余宗の作法とは格別の儀に御座候。住持入用と申すは、役僧并びに末寺・末派への遣し物、尋常京都往来の入用、并びに袈裟等まで、惣じて住持の物を以て致し来り候。

と記されている。

方丈・常住間の支出上のきまり

黄檗山には、元禄十四年（一七〇一）以後、塔頭天真院の所管江戸池の端の勧学寮（俗に勧学屋）から、売薬錦袋園の売上げ利潤の中より伽藍修理料として、年々百両宛寄進されていたが、この金で修理する分は「仏殿・法堂・禅堂并びに役寮、斎堂・大庫裡・祖師（堂）・伽藍堂・祠堂并びに看門寮、東司・浴室・東方丈・甘露堂・侍

者行者寮・小庫裡・西方丈・宝蔵并びに後寮、知客寮・竹林（精舎）の外諸廊廡」と定められており、このほか微細の修理造作、畳・戸障子・寮舎の小普請については、「常住は常住、方丈は方丈より申し付くべき」ことになっていた（『十六代知客寮須知』所収・本山修理之覚）。住持の交代する前には、方丈の所々を修理し、大拝間・小拝間・甘露堂・本寮（知客寮）の広間の畳を全部取り換え、小道具等も、一々点検して修理する例になっていたが、その際建具畳等は住持が支弁し、その他は直歳寮で修理することになっていた。住持は毎年正月年頭の挨拶に代僧を参府させ、京都所司代・京都代官および近衛家には、住持自身年頭の礼に出駕したが、参府の諸費用は常住で支弁し、住持からは代僧に贐儀として金二両と、適当な品物を贈ることになっており、京都出駕の諸費用は、住持の自弁になっていた。なお毎年六月暑中見舞、十一月寒中見舞に丈侍（方丈侍者）を近衛家と林丘寺宮に派遣していたが、進物の茶箱（暑中見舞）・蜜柑（寒中見舞）はあらかじめ常住に託して調達させ、その費用は後日住持から常住に納めていたのである（『衣鉢寮記録』）。

住持経済と常住経済の分離は隠元の方針か

黄檗山においては、以上見てきたように、住持の経済と常住の経済とが分離しており、両者の間には一定のきまりが存していた。このような経済のしくみが古黄檗においても行なわれていたかどうか明らかでないが、わが黄檗山においては隠元の住山当時既に行なわれていたものと思われる。換言すれば、住持経済と常住経済とを截然分離することは隠元の方針であり、この方針が隠元以後歴代住持に踏襲されて、江戸時代における黄檗山経済の特色をなすに至ったものと思われるのである。

黄檗山塔頭と檗派寺院

隠元住山中における黄檗山塔頭と黄檗派の寺院をみると、塔頭には寛文二年（一六六二）秋に大眉性善の建てた東林庵（のち東林院）と、寛文三年十二月一日に竣工した松隠堂があった。黄檗派の寺院には、長崎の東明山興福寺（元和六年創建）・分紫山福済寺（寛永五年創建）・聖寿山崇福寺（寛永六年創建）および興福寺末庵の東蘆庵（別名幻寄山房、寛永十八年創建）と桃林庵（慶安三年創建）、京都嵯峨細谷の翔鳳山直指庵（正保三年独照性円創建）、摂津麻田（大阪府池田市畑町）の摩耶山仏日寺、摂津嶋上郡富田（大阪府高槻市富田町）の祥雲山慶瑞寺（寛文二年竜渓性潜重興）、近江蒲生郡松尾山村（滋賀県蒲生郡日野町大字松尾）の法輪山正明寺（寛文四年竜渓重興）、美濃武儀郡小屋名（岐阜県関市小屋名）の万亀山臨川寺（万治三年潮音道海創建）、江戸深川の永寿山海福寺（正保四年独本性源創建）等があった。なお遠江引佐郡瀬戸村（静岡県引佐郡細江町中川）に初山宝林寺の寺地がえらばれ、その開創に着手されていた。要するに隠元の住山中は黄檗山の開創期で、塔頭・寺院の造建、黄檗派の発展は、今後に約束されていたのである。

二　松隠堂退隠

住山三年にして、隠元は寛文四年（一六六四）九月四日に黄檗山の法席を法嗣の木庵性瑫に継がせ、松隠堂に退隠した。ときに七十三歳、渡来してから十年後のことである。退隠後も四方の参謁する者多く、みな機に従って応接し、倦むことを知らなかった。退隠した翌年の寛文五年八月に大眉性善に付法し、それより六年後の寛文十一年正月に独照性円、同年八月に南源性派、翌年の寛文十二年に独吼性獅(どっくしょうし)、寛文十三年元旦に独本性源にそれぞれ付法している。かようなわけで、退隠したといっても全く悠々(ゆうゆう)自適の生活に入ったわけではなかったが、本山住持という責任ある地位を退いているのであるから、住山中より気楽になったことは容易に想像できる。『松隠集』『松隠二集』『松堂新集』『松堂続集』『擬寒山百詠』『禅

松 隠 堂 (黄檗山)

余訶』『耆年随録』『又寒山一百首』『松隠老人随録』など、退隠中の詩偈集が多く開版されているのをみても、詩偈を作る余裕の多く生じたことがわかる。

他行

隠元は寛文二年九月成就院主に請ぜられて京都の清水寺に遊び、翌年五月石山寺に遊び、諸信士に請ぜられて琵琶湖に舟を浮べ、放生を行なった。住山中に他行したのは、以上の二回だけであるが、退隠後は四回他行している。すなわち、寛文五年五月に太秦の法光院の独妙性微に請ぜられて檀越のために拈香し、次いで桂宮院に遊び、また弟子の独照性円に請ぜられて嵯峨の直指庵に至り、信宿して帰っている。同年九月には、法嗣の慧林性機に請ぜられて、摂津麻田の仏日寺に遊んだ。寛文七年二月には、香林信士に請ぜられて初めて奈良に遊び、東大寺・興福寺・春日神社・二月堂・西大寺・唐招提寺・薬師寺等を訪れ、おのおの紀詠を残している。「至るところ追随参礼する者、日に万を以て数え」たといわれるように、この南都行は奈良の人々の人気をさらった観があった。隠元は長崎在住当時から南都の名勝を伝聞していたが、南都の諸寺を歴観するに及んで、「豈意わんや、乾坤の内又別に一乾坤あらんとは。十余年の懸思積想、一旦了然たり」(『普照国師広録』巻第二十五詩偈・南都遊)といって満足しているのである。なお寛文十二年春には、京都東山泉涌寺の天圭に請ぜられて同寺に遊び、戒光寺を尋ねている。

伽藍寮舎の整備

退隠中の黄檗山の建物をみると、退隠した翌年の寛文五年(一六六五)に甘露堂(広三間・深四間)・米庫(広二間半・深三間)・土庫(広二間・深三間半)、同七年に舎利殿(三間四方)・八幡宮(三尺一軒)が建てられているが、最も注目すべきことは、寛文七年五月に将軍家綱から白金二万両(銀二百貫目)ならびに西域木(雲南木)が寄せられ、これによって大雄宝殿以下の建物が建てられるようになったことである。このため摂津麻田の青木重兼(甲斐守、端山居士)が黄檗山内に不二庵を構え、同庵にあって造営の監督に当ることになった。棟梁秋篠茂左衛門指揮のもとに十二月十五日に起工し、翌寛文八年十月十五日までに、大雄宝殿(広十二間・深十一間)・天王殿(広十間・深六間半)・斎堂(広十間・深九間)の落成をみた。なおこの年、大目付黒川與兵衛正直（前長崎奉行、丹波守、独広居士）の捐金（寄付金）によって鐘楼（広四間・深四間）が新たに建てられ、そのほか妙高亭（一間半四方・旧鐘楼を移す）・知客寮（広七間・深五間）が建てられ、翌九年には、大坂の今津浄水居士の捐金によって祖師堂（四間四方）、吉川監物居士の捐金によって伽藍堂（四間四方）が建てられ、十年には米頭寮（二間四方）が建てられている。ちなみに、祠堂（広六間・深四間）は隠元示寂の翌年の延宝二年、山門（広九間・深五間）は同六年、鼓楼（四間四方）は同七年に建てられているのである（『両序執事記』建立殿舎冊）。

伽藍寮舎の整備は隠元・木庵の事業

かくて黄檗山の七堂伽藍および諸寮舎は、隠元の松隠堂退隠中にほぼ整備されたが、こ

黄檗山大雄宝殿

れは第二代木庵性瑫の事業であるとともに、また隠元の事業でもあった。それ故、隠元は青木重兼・黒川與兵衛正直に宛てた書信（『黄檗和尚太和集』巻第二所収）中に、

老僧此の山を開闢して今に迄って七載、未だ大観を獲ず。夏間国主の金併びに西域の大木を賜わることを蒙って、仏殿等を鼎建す。謂つ可し、法門の盛典山林光有りと。（中略）老僧邁なりと雖も、敢て衆に勉めて薫修して以て国恩に答え、用て至化を助けざらんや。

といっており、木庵自身も、住持五年で黄檗山の興造をほぼ終えているのは、開山老人（隠元）の福庇及び諸檀護の力である、といっているのである（『黄檗木庵和尚年譜』）。

寺領の朱印状下る

退隠した翌年の寛文五年七月に、黄檗山には宇治郡五箇庄大和田・広芝・畑寺・岡本・新出五ヵ村のうち都合四百石を新たに寄付し、境内九万坪・山林竹木諸役等免除の、将軍家綱の朱印状が下った。四百石の内訳は、次のとおりである（『享保六年十一代知客寮須知』）。

百八十五石九斗八升七合　大和田村
七十四石八斗七升三合　広芝村
五十石四升七合　畑寺村
二十四石二斗九升　岡本村之内
六十四石八斗三合　新出村
内
十六町七段十九歩　田方
十七町九段一畝十三歩　畑方

僧衆の数

退隠中における黄檗山の僧衆の数をみると、寛文十一年(一六七一)隠元の八十の誕辰を祝した即非の寿文中に、「座下の竜象恒に千指(百人)囲繞」云々とあり、また黄檗山の結制上堂の際における木庵の法語中に、「黄檗開炉、行脚の僧三百余箇」云々(『木庵禅師語録』巻第四)とある。これらによって考えると、当時黄檗山には通常百人ぐらいの僧衆がおり、結制の際には三百余人の雲水が集まってきて、隠元の住山中と同様に、五百人に近い僧衆になっていたものと思われる。

三壇戒会

退隠中に、黄檗山では二回、三壇戒会が開かれた。すなわち、寛文五年二月朔日から同八日まで、寛文十年二月八日から同十五日まで、それぞれ八日間開かれている。受戒者は、前者の場合が五百余人、後者の場合が千百余人である（『祥光開山湛然禅師行状』）。寛文三年十二月隠元の住山中に行なわれた戒会と合せて、隠元の在世中に黄檗山では前後三回戒会が開かれており、その間に概略二千人ぐらいの者が受戒しているのである。

紫衣運動を抑える

黄檗山の興隆を眺めながら、退隠七年後の寛文十一年（一六七一）に、隠元は八十歳の年を迎えた。この年檗僧らの間に、隠元に紫衣を授かるよう奔走しようとする動きが起ってきた。隠元はこれをみて喜ばず、南源性派に意を伝えて、その中心人物である「江東主人」に書信を通じ、これを抑えさせている。南源の書信は、『南源禅師芝林集』巻第十二に、「江東主人に与うる書」として載せられている。

「江東主人」がだれであるか明らかでないが、右の書信によると、隠元は南源に向い、次のようにいっている。すなわち、「自分は一身の利害をかえりみず仏祖の重任を荷(にな)い、招請に応じて東渡した。幸い黄檗山を開き、今年八十歳になっている。初めて古黄檗に進んで以来開法三十余年、誠徳の人を化することなきを慚(は)じる。あえて虚名を以て、その位を僣(せん)しようや。お前は自分のために、次のことを「江東主人」に達せよ。この挙、断じて行なってはならぬ、と。」かようにいって、『教行録』に載っている四明尊者が神照法師に与えた書信を例に引いて説明し、「道物表(ぶつぴよう)に超え、徳王庭(おうてい)に冠し、一旦天子の命によってやむをえず紫衣を授かった古人ですら、内心紫衣を授かったことを愧(は)じ、賜紫を賀した門人を誡め、深く内行を修し外聞を蔵匿(ぞうとく)して、流俗の僧に随うことのないように励ましている。ましてや自分は、方外の一老衲(ろうのう)である。理由なくして紫衣を授かろうや。お前は自分の心を体し、幸い自分を流俗に墜さしめないようにせよ」といった。

南源の「江東主人」宛書信

南源は隠元の意を体し、千百余字に及ぶ長文の書信をしたためた。すなわち、聖徳太子以後における入唐（にっとう）伝法の諸師の高風盛徳から説きおこして、道元・関山（妙心寺開山）の家風を述べ、隠元の重命を伝え、さらに古人の例を引用して、隠元が断じて紫衣を光栄とするものでなく、東渡の目的が臨済宗を中興し、衆人の眼目となるにあり、その初心をかえて人のそしりをうくべきものでないことを述べ、反省を促しているのである。隠元に紫衣が下らなかったところをみると、「江東主人」らは南源の書信に接し、隠元の意のあるところを察して運動を中止したものと思われる。

わが国に曹洞宗を伝えた道元が後嵯峨上皇から紫衣を授かり、再三辞退したが許されず、ついにこれを受けたが、高閣に奉じて身につけなかったことは有名な話である。道元は紫衣を授かったが身につけなかった。隠元は紫衣運動をおさえた。紫衣を問題にしなかったことは、両者に共通している。隠元に対する毀誉褒（きよほう）

貶についても後述するが、隠元の人物を考察する場合、少なくともこの紫衣一件は見落してならないことである。

八十の誕辰

隠元はこの年（寛文十一年）十一月四日に、八十の誕生日を迎えた。嗣法の門人、四方の碩徳らはそれぞれ寿文・寿詩を贈ってこれを祝し、隠元は『耆齢答響』一巻を述べて、これに答えた。門人らの寿文・寿詩は、のち集められて、『隠元和尚八十寿章』と題し版行されている。それには、即非如一・慧林性機・独湛性瑩・南源性派・高泉性潡、および本山両序・弟子二十六人連名の寿文と、木庵性瑫以下七十七人の寿詩八十一首が収められている。

予嘱語を作る

隠元は老齢になっても、眼なお精明で、常に華厳経を閲し、夙夜、鐘の鳴るのを聞いて必ず起座し、般若心経を読誦したといわれている。しかし八十の年を迎えては、木末の残陽の如く、在世も久しくないと思わないわけにはいかなかった。そこでこの年の十二月八日仏成道の日に、黄檗山将来の亀鑑となすため「予嘱

本山大衆への教誡

語」を作った。黄檗山の大衆および一般法属の心得、本山住持の輪流推補、唐僧住持の請補、常住斎糧の護惜、常住・松隠堂の法具・什物の登籍、本山住持と塔頭院主の協力和合、松隠堂の輪流看守等について諭したもので、前文を付し、十ヵ条から成っている。煩を厭わず、本文だけを示すと、次のとおりである。

一、冬夏の二期、内外の衆等、倶に聖制に遵って禁足安禅、尽三夜三己躬下の事を究明するを務めとせよ。擅に出入して、仏の教誡に違うこと勿れ。

一、衆等専ら好心学道の為めにせば、当に慈忍を以て本と為すべし。戒根浄潔、因果分明、十方の信施を受けて須らく慚を知り愧を識ることを要すべし。飽食遊談、恣に人我を逞うして禅林を攪乱し、諸の魔業を作ることを得ること勿れ。

一、朝暮二時の念誦各宜しく威儀を厳整して、衆に随うべし。偸懶(おこたる)なることを得ざれ。老病の者を除いて論ぜず。

法属に対する教誡

一、本山及び諸山、凡そ黄檗の法属と称する者は、槩葷酒山林に入って仏の重戒を破ることを許さず。

本山住持の輪流推補

一、本山第三代の住持仍ち吾が法嗣の中に依って位次を照して輪流推補の後に法孫に及ぼす可し。亦須らく徳望ある者方に輿情に合うて克く道風を振うべし。此の事衆等平心公挙するに在り。権勢を恃んで互に偏私有るを得る勿れ。

唐山住持の請補

一、古今東渡の諸祖嗣法の者を歴観するに、三―四代の後、即便断絶して遂に祖席をして寥々たらしむ。前に酒井空印老居士(忠勝)護法の念を承くるに、嘗に言う、本山他日主法(住持)苟も其人無くんば、当に唐山に去って請補して、法脈縄々として断えざらしむべしと。此の議甚だ当れり。惟後代の賢子孫、挙して之れを行なうに在り。則ち是れ法門重光の象なり。

常住斎糧の護惜

一、本山常住の斎糧、十方の大衆禅林を守護して、国を祝し民に福する永遠香燈の需に供す合し。各庵院、槩私に分つことを許さず。

法具・什物の登簿

一、常住及び松堂(松隠堂)に留鎮する法具・什物等、当に別に一簿を記して、以て遞代住持の交伝に便りすべし。失脱を致すこと勿れ。

本山住持と塔頭院主の協力和合

一、本山の住持と各院の静主と、既に宗派を同うす。当に以て力を協せ心を一にして法を尊び、道を重んじて祖庭を賛翼し、遞代化風墜ちざらしむべし。諸山の法属山に入るに至りても、亦当に礼を以て相待すべし。儀を失することを得ること勿れ。

松隠堂の輪流看守

一、松堂は老僧が寿塔此に在り。即ち開山塔院為り。後当に本山各庵院の子孫、輪流看守すべし。

清規を定める

更に余の規約は倶に禅林師訓の中、及び両序須知に載す。文繁くして録せず。参え看て、力めて之れを行なうべし。嘱々。

黄檗山の伽藍は整備し、四百石の寺領の収米は僧衆の食糧に事欠かず、一宗の本山たる外観は立派に備わるようになった。将来の亀鑑としての「予嘱語」も作られた。しかし隠元には、まだ大切なことが一つ残されていた。清規の制定がそれである。

『黄檗清規』

黄檗山蔵版の『黄檗清規』は、「第二代住持嗣法門人性瑫木菴閲、住法苑禅院嗣法孫性潡高泉編修」となっており、編首に寛文十二年(一六七二)の隠元の序を載せ、本文は祝釐章第一以下、遷化章第十に至る十章から成り、附録に仏事梵唄讃・開山予嘱語・開山塔院規約・古徳語輯要・法具図を載せ、末尾に隠元の跋を載せている。附録中の「開山塔院規約」は、隠元示寂三ヵ月後の延宝元年(一六七三)七月望日(十五日)に、木菴および諸法孫が議定したものであり、節序章第七の中の「開山和尚涅槃疏」は、隠元の三周忌に南源性派が作った「黄檗開山忌疏」(『南源禅師芝林集』所収)をそのまま載せたものである。本文各章の序はすべて高泉が書き、編首にある隠元の序も、隠元の意をうけて高泉が代作したものである(『洗雲集』巻第一・第十二)。しかし本文の骨子、清規そのものは隠元の定めたもので、その制定に当って前代の諸清規を折衷し、繁簡その宜しきを得ようとしたことは、隠元の跋によって明らかである。いずれにしても、寛文十二年『黄檗清規』の制定によって、隠元としては成すべきことをすべて成し終え、あとはただ、黄檗山の興隆、黄檗派の発展をながめておればよいことになったのである。

塔頭の増加と檗派寺院の発展

寛文四年（一六六四）松隠堂に退隠してから同十二年『黄檗清規』が制定されるまでの前後九年間における、黄檗山の塔頭、檗派寺院の発展状況を一瞥すると、まず塔頭では華蔵院・法苑院・法林院・慈福院・漢松院・瑞光院・景福院（のち崇寿院と改称）・宝善庵・万松院・宝蔵院が建てられ、双鶴亭も華巌院と名を改めて塔頭の一つになり、隠元の住山中に建てられた東林院・松隠堂と合わせて、十三塔頭が存在するようになった。地方の檗派寺院では、寛文五年（一六六五）に豊前小倉（福岡県北九州市小倉北区）の広寿山福聚寺、遠江引佐郡瀬戸村（静岡県引佐郡細江町中川）の初山宝林寺が竣工したのを初め、同年奥州二本松に甘露山法雲寺（のち珊瑚寺と改称）、同八年相模小田原在（神奈川県小田原市入生田）に長興山紹

太寺、上野（群馬県）館林に万徳山広済寺、同十年江戸白金（東京都港区白金台）に紫雲山瑞聖寺、摂津西成郡下難波村（大阪市浪速区元町）に慈雲山瑞竜寺、同十一年武蔵賀美郡長浜村（埼玉県児玉郡上里町長浜）に慈眼山（のち太平山と改称）興国寺、同十二年尾張春日井郡上条新田（愛知県春日井市鳥居松町）に紫金山慈眼寺が開創され、その他筑後柳川（福岡県柳川市奥州町）の梅岳山福厳寺、肥前神崎郡朝日村（佐賀県神埼郡神埼町）の朝日山安国寺、周防玖珂郡岩国高森（山口県玖珂郡周東町上久原）の大梅山通化寺、河内丹南郡今井村（大阪府南河内郡美原町今井）の大宝山法雲寺、山城宇治郡大鳳寺村の大雲山福清寺、美濃賀茂郡西田原村（岐阜県関市西田原）の大慈山小松寺、美濃可児郡徳野村（岐阜県可児市下恵戸）の福聚山円通寺、信州（長野県）松代の象山恵明寺、上野邑楽郡新福寺村（群馬県邑楽郡千代田町新福寺）の真福山宝林寺などが、この期間中に黄檗派の寺院になっている。

禅宗黄檗派の開祖として成すべきことを成し終え、本山塔頭の増加、地方における檗派寺院の発展の様子をながめながら、隠元は寛文十三年（九月に延宝と改元）八十二歳の元旦を迎えた。それは隠元の迎える最後の元旦となるのであるが、そのことについて述べる前に、隠元がわが国においていかなる宗派、どのような階層の人々と関係交渉を保ったか、また隠元がいかなる家風を有し、どのような接化手段を用いていたかを見ておくことにしよう。

第六　僧俗接化

一　一般僧俗との交渉

隠元の会下に参じた修業僧

長崎の興福寺・崇福寺、摂津富田の普門寺特に黄檗山において隠元の会下に参じた修業僧が沢山おったことは、すでにみてきたとおりである。これら修業僧の多くは、臨済・曹洞の寺院で落髪し、臨済・曹洞の雲水として隠元の門を叩いたもので、かれらの中には、そのまま黄檗派の僧侶になっていったものがおるとともに、他方では臨済・曹洞の寺院にもどり、やがて同宗寺院の住持になったものがおった。

一般僧俗との交渉

隠元の会下に参じた修業僧は、大きく分けると以上の二種類になるが、いずれにしても、かれらが隠元と最も密接な接触を保ち、その接化（せっけ）の第一対象になったことはいうまでもないことである。かれら以外の一般僧俗は、隠元と関係交渉を保ったにしても、接化という点からいえば第二第三の対象にすぎなかった。しかし一般僧俗との関係交渉は、隠元がかれらからどのように関心を持たれていたかを示すものであり、隠元からいえばその活動の一面を示すものである。この意味で、以下一般僧俗との関係交渉を具体的にみていくことにしよう。

臨済・曹洞禅侶との交渉

修業僧はしばらく措（お）き、すでに一寺の住持となっている者で隠元と交渉のあったものをみると、臨済宗では因州鳥取（鳥取県鳥取市）竜峰寺（妙心寺末）の提宗慧全（ていじゅうえぜん）、奥州松島（宮城県宮城郡松島町）瑞巌寺（妙心寺末）の洞水東初、江州高野（たかの）（滋賀県神崎郡永源寺町）永源寺（臨済宗永源寺派の本山）の如雪文巌（にょせつもんがん）らがおり、曹洞宗では加州金沢（石川県金沢市）天徳院の鉄心道印、山城宇治（京都府宇治市）興聖寺の竜蟠松雲、若州佐田郷（福井県三方郡美浜町佐田）芳春寺の丹嶺祖衷（たんれいそちゅう）らがおった。

提宗慧全

提宗慧全（妙心寺塔頭天球院開祖江山景巴の法嗣）は、隠元の渡来を聞いて大いにこれを慕い、鉄牛以下

洞水東初

如雪文巌

の弟子たちを激励して、ことごとく長崎におもむいて隠元のもとに参じさせており、のち万治二年（一六五九）冬親しく隠元を普門寺に尋ねて詩偈を贈答している。提宗の隠元に対する傾倒はいちじるしく、竜峰寺の規縄をすべて黄檗山に準拠させ、門下の僧徒をして黄檗山の風規に従って念経坐禅させた（『鉄牛禅師自牧摘稿』巻第三・哭竜睡老人提宗和尚幷引）。後述するように、寛文五年（一六六五）七月妙心寺で壁書を補正したとき、竜渓性潜と謀り一文を作って妙心寺四派の役僧に送り、隠元および黄檗派のために大いに弁護し、気焔をあげたのはこの提宗である。洞水東初は慶安二年（一六四九）五月、本師雲居希膺のあとをうけて瑞巌寺の席を継いだ人であるが、寛文十年（一六七〇）松隠堂に隠元を尋ねて互いに詩偈を贈答している（『松堂続集』）。如雪文巌（一糸文守の法嗣）は明暦元年（一六五五）春、興福寺在住中の隠元に布を贈り、のち松隠堂に隠元を尋ね、偈を贈られている。寛文十一年四月示寂の際、隠元が如雪を薦する偈（『耆年随録』所収）を作っているのは、その生前における交誼によるのである。

鉄心道印

鉄心道印は、六十二歳の老齢で隠元の東渡を聞き、はるばる長崎におもむいて興福寺に参見し、つぶさに悟由を述べ偈を呈した。長崎に留まること五十余日(その間に道者超元にも謁す)、別れに際して隠元から三偈を贈られた。のちまた普門寺に隠元を尋ねて問答商量し、偈を贈られている(『日本洞上聯燈録』巻第十二・濃州全久鉄心道印禅師)。

竜蟠松雲

竜蟠松雲は、興聖寺住山中に隠元の訪問をうけ、自分も黄檗山を訪れ、隠元から大いに法鼓を鳴らして迎えられ、互いに問答商量しており(『日本洞上聯燈録』第十一・城州興聖竜蟠松雲禅師)、

丹嶺祖衷

丹嶺祖衷は、寛文三年(一六六三)黄檗山を訪れて隠元に謁している(『大陽開山丹嶺禅師紀年録』)。

禅宗以外の僧侶との交渉

禅宗以外の僧侶で交渉のあったものには、高野山の真政とその弟子快円、山城木津(京都府相楽郡木津町)大智寺(真言律宗)の本寂慧澂、京都智積院(新義真言宗智山派総本山)の泊如運敞、京都泉涌寺(新義真言宗泉涌寺派の本山)の天圭らがおった。真政は快円とともに隠元の鉗鎚を受けており(『鉄牛禅師七会語録』巻第十法語・示住吉地蔵快円上人)、本寂は黄檗山に至って、親しく隠元から示誨をうけている(『峨山稿』・大智寺本寂律師伝)。泊如は寛文八年(一六六八)隠元を松隠堂に尋ねて詩偈の贈答を行なって

おり、また隠元から文殊（もんじゅ）の賛を贈られている（『雲濤三集』『松堂続集』）。隠元が天圭に請ぜられて泉涌寺に遊んだことは、すでに述べたとおりである。真言宗以外では、寛文十二年（一六七二）に一乗院（法相宗）真敬法親王・青蓮院（しょうれんいん）（天台宗延暦寺三門跡の一つ）尊澄法親王（ともに後水尾法皇の皇子）が松隠堂に隠元を訪ね、偈を贈られているのが注目される。

隠元と他宗僧侶との交渉は、以上によって尽きるのではない。『黄檗和尚扶桑語録』に「天竜寺虎林禅師に示す」（七言四句）、『雲濤続集』に「天竜寺古渓禅人に示す」（五言十六句）、『雲濤二集』に「大覚主人に贈る独照侍者代求」（五言十六句）等の詩偈を載せており、その他相国寺僧愚渓等厚に請われて一山一寧の像讃を題し、東福寺僧のために無準（ぶしゅん）師範の像讃を題しているなどのことから推（お）し、他宗僧侶との交渉がかなり多かったことが察せられる。

公家との交渉

僧侶以外のもので隠元と交渉のあったものは、きわめて多い。それらのうち、在日華僑（かきょう）を除き、おもなものについてみると、まず公家では、裏松資清（うらまつすけきよ）・烏丸資（からすまるすけ）

慶・近衛基熙・万里小路雅房らがおった。裏松資清は、明暦元年(一六五五)冬隠元を普門寺に訪ねて法語を贈られており、その後書信を通じて工夫の要を問い、隠元は復書してこれに答えている(『黄檗和尚扶桑語録』巻第六・巻第十一)。万治二年(一六五九)正月、隠元は京都に遊んだとき烏丸資慶・近衛基熙に偈を贈り、寛文元年(一六六一)二月黄檗山の寺基に遊んだときも、詩偈一首を咏んで基熙に贈っている(『雲濤二集』)。年次は明らかでないが、万里小路雅房も隠元から偈を贈られている(『雲濤三集』)。

文英尼の周旋

これらの公家との交渉はかつて鷲尾博士が指摘されたように、文英尼(宝永六年幡枝山円通寺の開基となる)の周旋によるものと思われる。文英尼は、贈左大臣園基任の第三女で、後光明天皇の生母壬生院基子の姉に当る。幼少のときから後水尾法皇の生母中和門院前子(近衛前久の女)に侍し、長じて出雲(島根県)松江城主京極忠高(若狭守、所領二十六万四千二百石余)に嫁した。寛永十四年(一六三七)六月忠高の死後仏教に帰依し、近江(滋賀県)永源寺の一絲文守(仏頂国師)や妙心寺の禿翁妙周に参じた(『洗雲集』巻第十六・大悲山円通寺碑銘)。早くから隠元と交渉をもち、明暦元年(一六五五)十一月普門寺において父母を薦する上堂を隠元に請うており、翌年春には壬生院皇太妃を薦する偈を求めている。年次は明らかでないが、法衣を製して隠元に贈っており、寛文十一年(一六七一)には栴檀像の開光を隠元に求めている。二条摂政政康の室貞子(後陽成天皇の皇女、母は中和門院)が観音の開光を隠元に求めた(『黄檗和尚扶桑語録』巻第十八)のも、おそらくその斡旋によるものであろう。

皇室との交渉

後水尾法皇との関係は、寛文三年(一六六三)五月二十五日に法皇が竜渓を介して法語を徴され、隠元が法語一章を作って奉答したことに始まる。寛文五年十月法皇は御香並びに金子を、次いで同年十一月鏤金の硯匣を下賜された(『松隠集』)。翌六年六月には、仏舎利五粒を高さ約二尺の金塔に納めて下賜され、隠元は合山の僧衆に命じて鐘鼓を鳴らし、香花・旛蓋を備えてこれを迎え、松隠堂に安置するとともに、七言八句の偈八首と「仏舎利記」を作り進謝した(『黄檗山御賜仏舎利記』)。寛文十三年二月三日、法皇は西賀茂霊源寺の至山をつかわして法要を問われ、奏答旨にかな

後水尾法皇賜号勅書（黄檗山蔵）

敕

朕聞臨済之道偏行天下、

至天童雙径光輝益盛。唯

我日域久乏宗匠。幸黄檗

隠元琦和尚受請東来、重

立綱宗、闡揚済道、大光於

国。功不可磨。朕屢沾法乳。

簡在朕心。故

特賜大光普照国師之号、

以旌厥徳。欽哉。故諭。

寛文十三年四月二日

って錦織の観音像を下賜され、次いで同年四月二日すなわち隠元示寂の前日に、大光普照国師の号を特賜されている（挿図参照）。かように後水尾法皇とは特に深い交渉があったが、法皇以外では、後西上皇に請われて渡唐達磨像の讃を題し（『松隠二集』）、朱宮光子内親王（後水尾法皇の皇女、照山元瑤）に求められて、金剛寿院式部卿親王（後水尾法皇の皇子、八条宮穏仁親王）を薦する偈を作っていることが注目される。

幕閣との交渉

幕閣中早くから交渉のあったのは大老酒井忠勝・老中松平信綱で、明暦二年（一六五六）秋に隠元は普門寺にあって忠勝のために維摩の讃、翌年秋信綱のために政黄牛・郁山主の讃を題している。しかし幕閣との交渉が緊密になるのは、万治元年（一六五八）九月参府してからのちのことである。参府中における忠勝・信綱および老中稲葉正則との交渉、その後における忠勝との交渉は、すでに述べたとおりである。年次は明らかでないが、隠元は忠勝の求めに応じて芦雁の讃を題しており、また長安寺（忠勝建立）の求めに応じて忠勝の画像に題している（『雲濤三集』）。隠元が忠勝の終七の辰・一周忌・三周忌にそれぞれ偈を述べているのは、その生前における交渉の深かったためである。

京都所司代・大坂町奉行らとの交渉

京都所司代板倉重宗・同牧野親成との交渉は、すでに述べた。隠元の語録や詩偈集に、「板倉防州太守の帰第に贈る」「板倉防州太守燭菊を送る、二偈を以て之れに答う」「牧野佐渡守居士病より起つ、偈して以て慶喜す」と題する詩偈、「板倉防州太守の卓峰石に題す」とある讃を載せているのも、交渉の一端を示している。大坂町奉行曾我古祐(丹波守)・同松平重次(隼人正)・大坂船手小浜嘉隆(民部少輔)は、明暦二年(一六五六)四月普門寺を訪れて偈を贈られている。万治二年(一六五九)九月に隠元は大坂の秋野信士に請ぜられて天王寺に遊んでいるが、その際大坂定番安部信盛(摂津守)の斎に請ぜられている。寛文五年(一六六五)大坂町奉行石丸定次(石見守)は黄檗山に隠元を訪ねて偈を贈られ、年次は明らかでないが、大坂城代内藤忠興(帯刀)・大坂町奉行彦坂重紹(壹岐守)・大坂定番渡辺吉綱(丹後守)も、それぞれ隠元に偈を求めている。

長崎奉行との交渉

隠元渡来当時の長崎奉行は甲斐庄喜右衛門正述（徳峰居士）・黒川与兵衛正直（独広居士）である。長崎在住中に隠元は正直のために達磨の讃を題し、正述のために瀟湘八景図に題し、なお正述の仏法に関する八問に答えている。明暦元年（一六五五）八月普門寺におもむく際、両奉行から餞別の斎に招かれた隠元は、普門寺到着後書信を送って水陸護送を謝した。正述は万治三年（一六六〇）六月死去し、正直は寛文四年（一六六四）十二月長崎奉行を免ぜられて翌年三月大目付になり、同十年四月寄合に列し、同年八月致仕した。引きつづき交渉を保っていたことは、寛文四年九月隠元が黄檗山の法席を木庵に継がせた際これを正直に報じており（『黄檗和尚扶桑語録』巻第十、書問・与黒川与兵衛檀越）、正直が致仕退隠の節、隠元が七言八句の偈一首を寄せている（『耆年随録』）のでわかる。なおかれらの後任の妻木重直・島田忠政とも交渉のあったことは、「新崎主妻木彦右衛門過訪、聊か述べて以て贈る」（『雲濤二集』）、「妻木彦右衛門に示す」（『雲濤三集』）、「妻木彦右衛門、考朴英居士・妣梅室妙薫孺人を薦することを求む」（『黄檗和尚太和集』）、「妻木彦右衛門江戸に回るに贈別す」「島田久太郎居士に示す」（『雲濤続集』）、「島田久太郎に示す」（『雲濤三集』）などの詩偈があるのでわかる。

その他の幕臣との交渉

以上のほかに、隠元と交渉のあった幕臣には、池田長賢（帯刀、大番頭、知行六千石）・青木直影（縫殿頭、興石居士、重兼の弟知行五千石）・石河利政（土佐守、堺の政所職、知行二千七百石余）・吉良義冬（若狭守、高家、上野介義央の父、知行四千石）・近藤用治（縫殿助、法名知空、知行三千九百石余）・佐野久綱（雲峰居士、小普請、廩米三千俵）・酒井忠綱（内記、御書院番頭、知行五千石）・中根正成（大隅守、御書院番頭、知行五千石）・牧野成常（織部正、吉峰居士、作事奉行、知行千二百石）・牧野直茂（長門守、御膳番、寄合、知行二千石）・小堀正春（仁右衛門、代官、知行六百石）らがおり、あるいは隠元を訪ね（吉良義冬・牧野直茂・佐野久綱・牧野成常）、あるいは詩偈を求め（青木直影・石河利政・酒井忠綱・池田長賢）、あるいは隠元に請うて亡女を薦し（池田長賢・近藤貞用）、隠元の法像を模写しようとして書信を通じ（中根正成）ていた。

大名との交渉

九州の大名

隠元と交渉のあった大名（幕閣・所司代を除く）は、かなり多い。まず九州の大名では、肥前佐嘉城主鍋島勝茂（信濃守、所領三十五万七千石）・同小城城主鍋島直能（甲斐守、所領七万三千余石）・同大村久島城主大村純長（すみなが）（因幡守、所領二万七千九百石余）・同島原城主高力（こうりき）忠房（摂津守、所領四万石）・同平戸城主松浦鎮信（しげのぶ）（肥前守、所領六万一千七百石）・肥後熊本城主細川綱利（つなとし）（肥後守、所領五十四万石）・筑後柳川城主立花忠茂（ただしげ）（飛騨守、所領十万九千六百石余）・豊前小倉城主小笠原忠真（ただざね）（右近将監、所領十五万石）・薩摩鹿児島城主島津光久（みつひさ）（松平薩摩守、所領七十二万八千七百石余）・日向延岡（のべおか）城主有馬康純（やすずみ）（左衛門佐、所領五万石）らがおった。

隠元は興福寺在住中に鍋

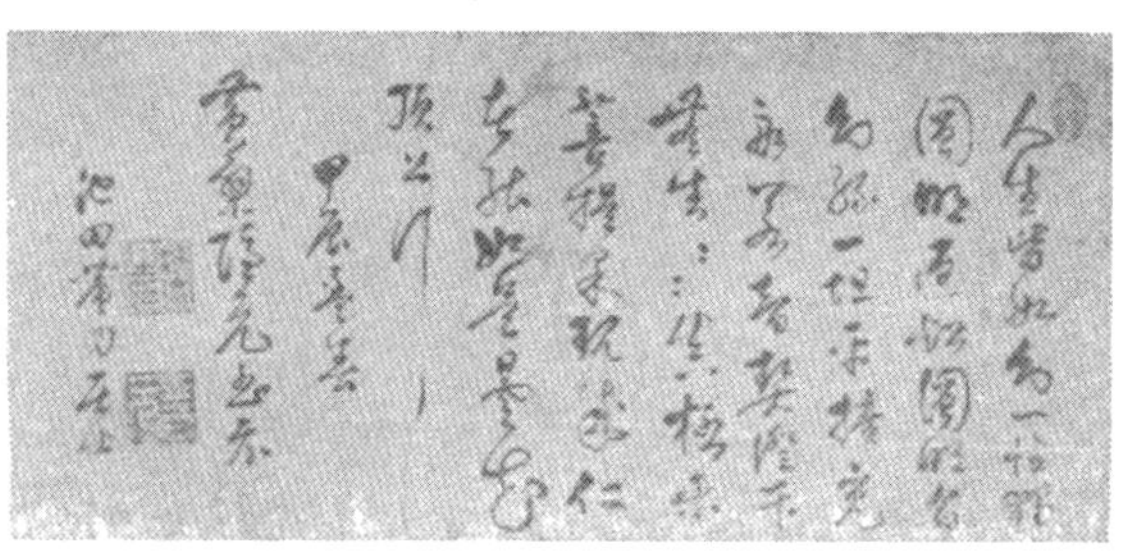

池田帯刀長賢に示す偈　（東京都目黒区，海福寺蔵）

人生皆如レ幻。一性独円明。返ニ照円明旨一、幻縁一坦平。拡ニ充般若智一、契ニ証本無生一。々々真極楽。菩提果現成。仁者能如レ是。曇花頂上行。

甲辰孟春

黄檗隠元書示ニ池田帯刀居士一

島勝茂から法衣、細川綱利から僧糧を送られ、鍋島直能の問道の書に接し、高力忠房の訪問をうけている。普門寺におもむく際は、勝茂から舟車で領内を護送されている。有馬康純が寛文三年(一六六三)十八羅漢彫造の香材を黄檗山に喜捨したことは、既に述べたとおりである。小笠原忠真との関係は、忠真が西帰する即非を引き留め、広寿山福聚寺を建立して即非を同寺の開山としたことに始まっている。これら九州の大名の中には、参勤交代の際黄檗山を訪れ、隠元に参見するものがおった。すなわち、鍋島直能は寛文五年(一六六五)、小笠原忠真は同六年夏、島津光久・立花忠茂・大村純長は同九年五月にそれぞれ黄檗山を訪れ、隠元に松隠堂に謁して偈を贈られている。

中国・四国の大名

中国・四国の大名では、美作津山城主森長継(内記、所領十八万六千五百石余)・関長政(森長継の弟、備前守、梅岩居士、美作国において一万八千七百石余を領す)・長州萩城主毛利綱広(松平大膳大夫、所領三十六万九千石)・土佐高知城主山内忠義(松平土佐守、所領二十万二千六百石)・同山内忠豊(対馬守、忠義の嫡男高知城主)らが交渉をもち、あるいは参勤交代の途次松隠堂に来謁し（森長継・関長政）、あるいは偈を求め（毛利綱広・山内忠豊）、あるいは黄檗山西方丈の用材を送り来って、隠元から謝書を寄せられている（山内忠義）。

近畿の大名

近畿の大名のうち、摂津麻田の青木重兼（甲斐守、端山居士、所領一万石余）がその開創した仏日寺に隠元を請じて仏座を安じさせ、黄檗山に不二庵を構えて大雄宝殿以下の造営を監督したこと、山城淀城主永井尚政（信濃守、信斎居士、所領十万石）が隠元を請じて宇治に舟遊したことはすでに述べた。隠元は重兼に求められて二木という道号を授けており、隠元の重兼に与えた詩偈も八首ほどその詩偈集に載っている。なお隠元は尚政に求められて緑磁観音の讃を題しており、宇治舟遊後その別業に請ぜられて、末後生死の大事を示している。摂津高槻城主永井直清（日向守、所領三万六千石）は、しばしば普門寺を訪れて法語を求めており、父月丹居士を薦することを請い、また水月の讃を求めている。丹波篠山城主松平康信（若狭守、別峰居士、所領五万石）も、明暦三年（一六五七）法語を求めている。青木重兼の女婿でその嗣となった青木重成（民部）も隠元と交渉のあったことは、「青木民部に示す」「青木民部罷山成林信士を薦することを求む」等の偈（『雲濤二集』『黄檗和尚太和集』）があるのでわかる。

中部以東の大名

　中部地方以東の大名のうち、三河岡崎城主水野忠善（監物、所領五万石）が江戸から普門寺に帰る隠元を請じて城中に信宿させ、奥州白河城主本多忠平（下野守、一峰居士、所領十万石）が十八羅漢彫造の浄財を黄檗山に喜捨したこともすでに述べた。加賀の前田綱紀（松平加賀守、所領百二万石）は明暦二年（一六五六）越中高岡の高岡山瑞竜寺（前田利常が正保二年創建した曹洞宗寺院）の額を求め、奥州二本松城主丹羽光重（玉峰居士、所領十万七千石）は万治元年（一六五八）春法語を求め、寛文二年（一六六二）狩野探幽らに命じて十八羅漢および列祖の像を描かせ、これを黄檗山に納めている。そのほか美濃高須城主小笠原貞信（土佐守、所領二万二千七百石余）・上野高崎城主安藤重長（右京亮、所領六万六千六百石）・仙台藩主伊達綱宗（松平陸奥守、所領六十二万石）・出羽鶴岡城主酒井忠当（摂津守、所領十四万石）・同亀岡城主岩城重隆（伊予守、所領二万石）・松前城主松前高広（志摩守）も、それぞれ隠元に偈を求めている。

各階層・地方の信士らとの交渉

日本人のうちで隠元と交渉のあったものは、僧侶を除いてその名の知られるもの四百数十名（女性を含む）の多きに達する。その中には大名の家臣も多く含まれているようであるが、公家・幕閣・幕臣・大名と少数の女性を除いては、大部分のものが身分・生国ともに明らかでない。しかし医士に古林立庵・蘇庵道醒・空庵・玄春・才庵・寿山・道祐、奕士に因碩、儒者に山鹿素行、画家に狩野安信・同常信・同益信・海北友雪・雲谷等与らがあり、また京都の寿生信士（寛文三年三百両を寄捨して黄檗山内に放生池を開掘、寛文八年黄檗山内に八幡宮祠を造る）、大坂の勝性印（承応四年『黄檗隠元禅師又録』を開刻、万治元年普門寺に一切蔵経寛文元年黄檗山に雲南木を寄進）、秋野信士（万治二年隠元を請じて大坂に遊ばせる）・武井宗左衛門（明暦三年『黄檗和尚扶桑語録』十八巻を捐貲開刻）、近江の岡本喜庵（明暦元年冬普門寺来訪）、遠江の道広信士（隠元筆の観音の号を所蔵、寛文六年松隠堂に来謁）、駿河万里古の智巌道補信士（隠元参府の節信宿、延宝六年黄檗山三門を建立）、加賀の椎野屋三左衛門（家人発狂、登檗して隠元に宿業を解くことを依頼す）、長門の道可信士（寛文四年『黄檗和尚太和集』を捐貲開刻）、肥後の西藤左衛門（偈を求む）らの名がみえることから、かなり多くの階層、広い地域の者たちと交渉のあったことが知られる。

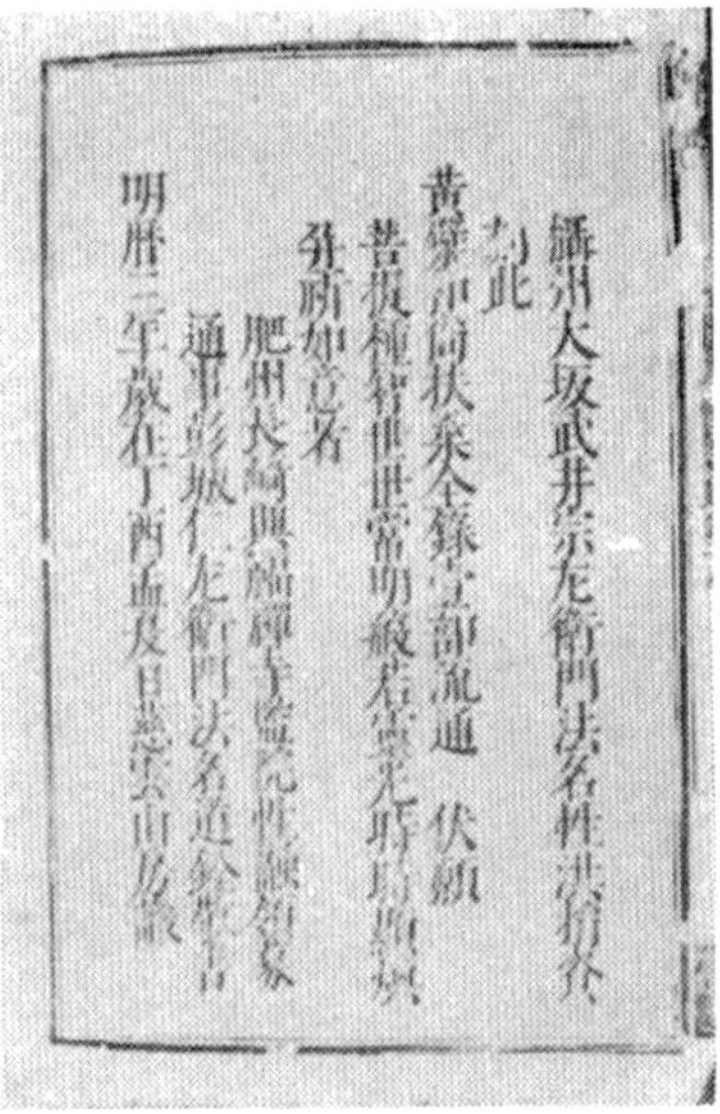

一般僧俗の交渉のもち方

『黄檗和尚扶桑語録』識語

以上みてきたように、隠元と交渉をもったものはすこぶる多く、臨済・曹洞・真言各宗の僧侶、公家・幕閣・幕臣・大名・藩士・庶民等各階層にわたっていた。その交渉のもち方にはいろいろあり、あるいは親しく隠元に参謁し、あるいは書信を通じて法語を求め、詩偈・題讃ときに自讃を求め、中には隠元の外護者(げごしゃ)となって黄檗山の経営、語録・詩偈集の開版等に援助を惜まないものがおった。しかしてこれらのうちで最も多いのは題讃特に詩偈を求めたもので、隠元と交渉のあったもので詩偈を求め、詩偈を与えられないものはほとんどないといってよいくらいである。隠元の残した詩偈・題讃はすこぶる多く、著者の手もとにある資料だけで調べてみても、題讃六百六十三（うち自讃百四十四）、詩偈五千百二十一首（外に頌古百十八、歌六十二）が数えられる。これらのうちの大部分、すなわちそれぞれ全体の八十八パーセントを占める題讃五百八十四・詩偈四千五百首は日本において作られたものである。日本において作られた題讃・詩偈のすべてがわが国の僧俗に与えられたわけではもちろんないが、隠元が僧侶以外の宰官・居士・信士らに与えた詩偈だけでも、数百の多きに及んでいることは注目すべきことである。

幕閣・幕臣・大名らの題讃・詩偈を求める真意

高泉性潡にいわせると、隠元が一葦東来して黄檗山を開き、わが国人に崇仰されること景星鳳凰の如く、世人が争ってその片言隻字を秘蔵するのは、その徳を尊ぶが故であるという（『洗雲集』巻第十七・跋老和尚遺墨）。もちろんそういった面もあったろうが、少なくとも幕閣・幕臣・大名らについていうならば、その多くは、明文化の荷担者、明文化の教養を身につけた隠元により多くの関心をよせ、その法語・復書、特に題讃・詩偈を入手することでじゅうぶん満足していたのではなかろうかと想像される。年代は下るが、不軽居士が『江戸黄檗禅刹記』の自序の中で、「普照国師（隠元）西来するや、習禅の徒と操文の士と競って刺を通じ謁を乞う者、上公卿より下士庶に至るまで一時に其の前に趨向拝跪して、鉄の門限も亦将に破れんとす。然れども真に国師の道徳を知って随喜参学する者は、空印（酒井忠勝）・端山（青木重兼）の外僅僅数う可し」といっているのは、事実に近いものと思われる。

法語・詩偈類を通じての仏法の開示

ひるがえって隠元の方からいうならば、一般僧俗に与えた法語・題讃・詩偈類は、仏法の開示であり、弘法の手段であった。言語が通じないため（『黄檗外記』に隠元が日本語を解したとあるが、信じられない）、参謁者との問答・応接には華語を解する侍者や通事が介在しており、当機を失することを免れなかった。したがって、法語・題讃・詩偈等を通して仏法を開示することは、最も適切な方法であったわけである。さらに推測するならば、求められるままに法語・題讃・詩偈類を書いて与えることは、各階層のものと関係をつけ、黄檗派の発展に資する所以(ゆえん)であると考えていたことであろう。法語・題讃・詩偈類を求めるものの気持がどうあろうとも、それらを授ける隠元の心構えは、以上のとおりであったろうと思われる。

二　家風と接化手段

隠元はその会下(えか)に参ずる修業僧に対しては古則公案(こそくこうあん)を拈提(ねんてい)し、問答商量の際にはしきりに棒喝(ぼうかつ)を用いていた。これらの点だけをみるならば、従来のわが臨済宗の師家(しけ)たちと、なんら異なるところがないといえる。事実隠元は臨済宗楊岐派の系統に属していた禅僧であるから、隠元の家風の真髄は、わが臨済宗の師家たちのそれと異なるはずがないのである。しかし隠元およびその法子・法孫らの禅を黄檗禅と称し、従来のわが臨済禅と区別するのには、それだけの理由がなければならない。

「是れ誰そ」

隠元は法語を求めてくる者に対し、しばしば「是れ誰そ」と参究させていた。たとえば鍋島得峰居士が、幼時より発心して此の事を参究しているが、根識鈍で未だ省力の処がないといい、書信を通じて開示を求めてきたのに対し、「幼年より発心する者、是れ誰そ。参究する者、是れ誰そ。未だ省力あらざる者、是れ誰そ。冀くば閑忙動静の際、行住坐臥の間、本参を含くことなく、孜々として究め」尽くすようにと、返書をもって教えている（『隠元禅師興福寺語録』書問・復得峰居士）。裏松資清に示した法語、細川綱利宛の返書にも、二六時中間断なく「是れ誰そ」に参ずべきを教えている。

念仏公案

「是れ誰そ」を「念仏する者是れ誰そ」におきかえると、いわゆる念仏公案になる。念仏公案の要領は、独照性円（隠元の法嗣）が大坂の某信女に示した法語の中に、山僧、汝に念仏の公案を授く。此れに依って工夫を做せ。南無阿弥陀仏の六字の聖号を以て行も亦念じ、住も亦念じ、坐も亦念じ、臥も亦念じ、以至飯裏・茶裏、坐禅昏沈の時、心緒散乱の時も亦念ぜよ。念じ来り念じ去って、行、行を見ず、住、住を見ず、坐、坐を見ず、臥、臥を見ず、飯を喫して飯を知らず、茶を喫して茶を知らず、全体只是れ一箇の阿弥陀仏。更に精彩を著けて念ずること一声・二声・三声して看よ、畢竟念ずる底是れ誰そと。忽然として誰の字に撞着せば、始めて知らん、自己本来是れ仏なることを。

（『直指独照禅師語録』巻第一法語）

とあるによってわかる。かように独照が在俗の信女に念仏公案を授けているのは、もちろん本師隠元の家風を伝えているのである。

隠元は浙江省嘉興府嘉善県の狄秋庵で一夏を過したとき（三十八歳）、戒徒・檀信らと念仏放生会を行ない、浄土の詩十二首を作っており（既述）、その語録の中にも、弥陀浄土のことがまま散見している。その編正した『弘戒法儀』の中にも、「汝に一心浄土の法門、六字の弥陀の聖号を示す。時々に繋念して塵労に染むこと勿れ」とある。

『禅林課誦』にみえる黄檗禅の特色

隠元の家風、ひろくいって黄檗禅の特色は、黄檗山大衆の常用した『禅林課誦』によく現われている。わが国で開版された『禅林課誦』は、長州萩の塩田八郎兵衛の捐資によって版行されたいわゆる塩田版（方冊、一行二十字詰・十行）が最も古いが、開版の年次は明らかでない。塩田版に次いで版行されたのは、寛文二年（一六六二）すなわち隠元の黄檗山住山中に京都二条通鶴屋町田原仁左衛門の版行した、いわゆる田原版（塩田版と同じく方冊、一行二十字詰・十行。全文に明音の片仮名を付す）である。両者の間には多少出入があるが、田原版について

浄土の要素加わる

みると、朝課（朝のおつとめ）の中に浄土往生呪・念仏縁起、晩課の中に仏説阿弥陀経・念仏縁起、雑集の中に西方讃、附録の中に西方願文（雲棲袾宏作）が載っている。このように浄土関係の経呪を多く載せていることは、禅浄習合の宗風を示すものと

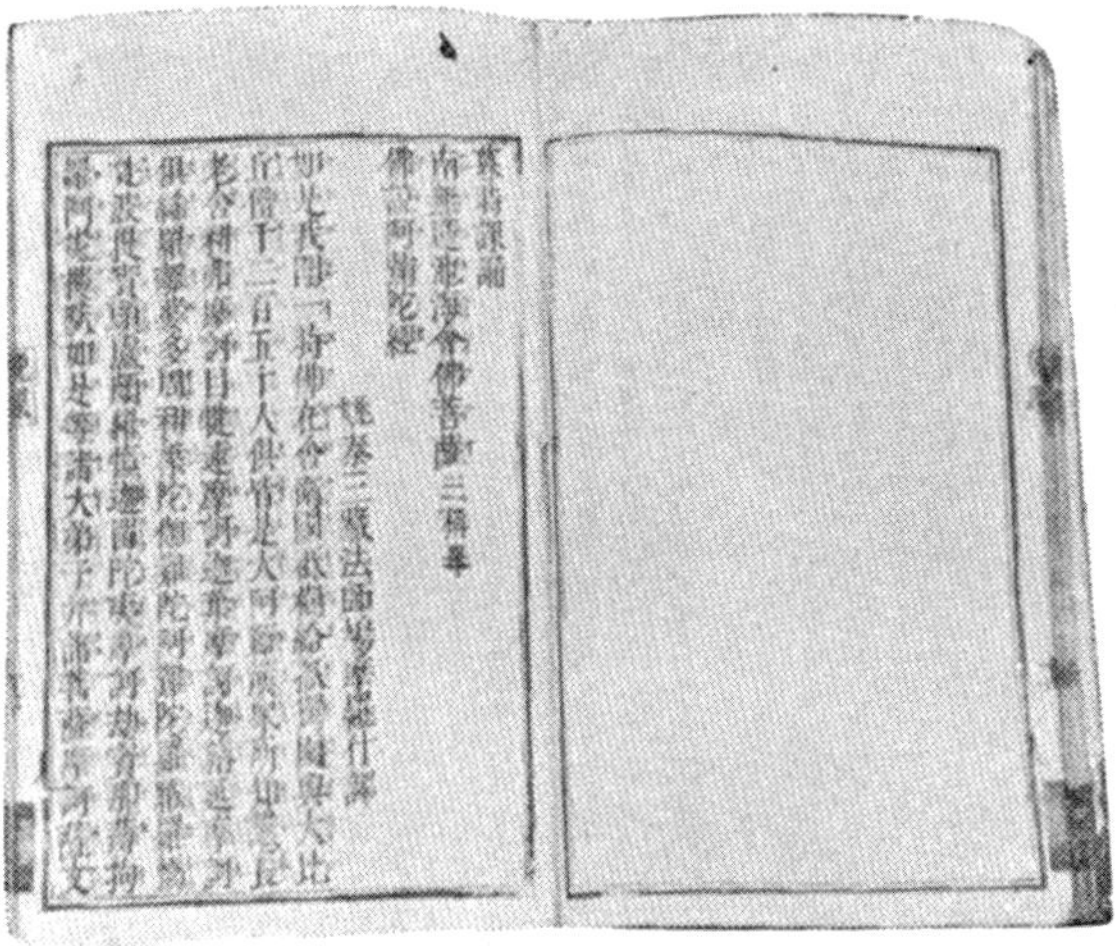

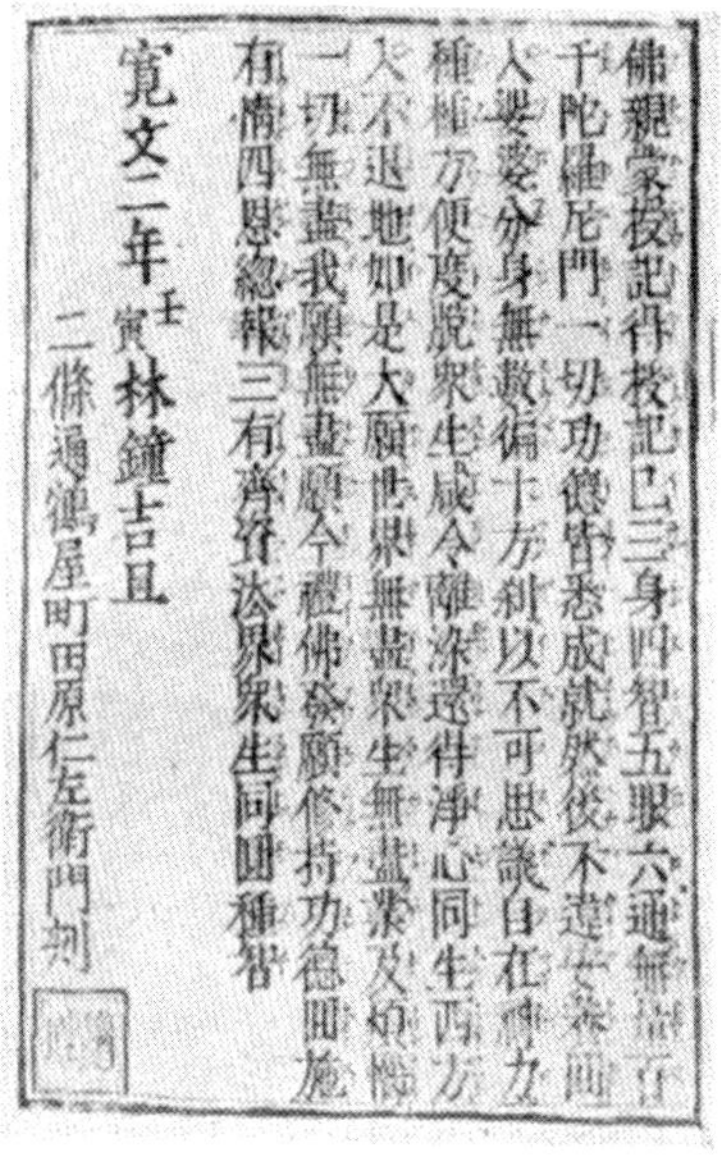

佛親蒙授記得授記已三身四智五眼六通無礙百
千陀羅尼門一切功徳皆悉成就然後不違安養回
入娑婆分身無數徧十方刹以不可思議自在神力
種種方便度脫衆生咸令離染還得浄心同生西方
入不退地如是大願世界無盡衆生無盡業及煩惱
一切無盡我願無盡願今禮佛發願修持功德回施
有情四恩總報三有齊資法界衆生同圓種智

寛文二年壬寅林鐘吉旦
二條通鍋屋町田原仁左衛門刊

田原版『禅林課誦』

してまず注目される。

密教の要素加わる

『禅林課誦』でもう一つ注目されるのは、陀羅尼（千手千眼無礙大悲陀羅尼・如意宝輪王陀羅尼・聖無量寿決定光明王陀羅尼・抜一切業障根本得生浄土陀羅尼）、呪（大仏頂首楞厳呪・消災吉祥神呪・功徳宝山神呪・仏母準提神呪・浄土往生神呪・善天女呪・一字水輪呪）、真言（薬師灌頂真言・觀音霊感真言・七仏滅罪真言・破地獄真言・普召請真言・解寃結真言・地蔵菩薩滅定真言・觀音菩薩滅業障真言・開咽喉真言・三昧耶戒真言・変食真言・甘露水真言・乳海真言・施無遮真言・普供養真言・普廻向真言）が多く載せられていることとである。これは大般若・施餓鬼等の際導師が印を結ぶ（真言宗では印を法衣の中で結ぶが黄檗派では法衣の外で結ぶ）こととともに、黄檗禅に密教の要素が加味されていることを示すものである。

隠元の家風、黄檗禅には、以上のように浄土および密教の要素が加わっていた。

虚櫺了廓・的首座の批評

したがって、興福寺の結制の模様を報じた虚櫺了廓が、「外は浄土宗に似、内は禅宗の様に見える」といい（既述）、黄檗山に掛錫した妙心寺派の的首座が南源性派に向かい、「其の家風（隠元の家風）を見るに、問道説禅、禅の如きもの有り。忽ち高く弥陀仏を唱う、浄土宗の如きもの有り。忽ち亦結印指画、真言宗の如きもの有り」といった（『正法山誌』巻第七・的首座説黄檗風）のは、理由のあることである。

隠元の家風、黄檗の宗風は、明末の禅風を伝えて西方浄土の色彩を帯びていた。念仏禅といわれる所以である。そもそも中国の禅宗には、早くから禅浄習合の傾向が存在していた。唐代の五祖弘忍の門人宣什法持、五代末・宋初の永明延寿（法眼宗）に始まり、宋代には天衣義懐（雲門宗）・円照宗本（雲門宗）・長蘆法秀（雲門宗）・長蘆宗頤（雲門宗）・慈受懐深（雲門宗）・死心悟新（臨済宗）・真歇清了（曹洞宗）、元代には中峰明本（臨済宗）・天如惟則（中峰明本の法嗣）・楚石梵琦（臨済宗）らが出て、浄業を兼修した。この風潮は明代に入ってますます盛んになり、特に明末には憨山徳清・無異元来・鼓山元賢・雲棲袾宏らが出て、盛んに禅浄習合・念仏公案（宋代の真歇清了に始まる）を鼓吹し、一代の風潮をなすようになった。なお密教的色彩についてみると、唐代に密教が盛んになるにつれて、禅家もまたその影響をうけたが、元代になると、密教の儀をまじえることは禅家一般の風となっていたようである。すなわち中峰明本の『幻住庵清規』には、青苗会（青苗を植えるときに成熟を祈禱する法会）・祈晴・祈雨・祈山門鎮静等、祈禱を行なうの儀少なくなく、その付記するところの「普陀施食文」にも、密教の儀によって呪を誦し、印を結ぶことを示しており、東陽徳輝の撰した『勅修百丈清規』の「日用軌範」には、袈裟を披し、鉢を洗い、厠に入り、洗浄し浄身し去穢するのに、みな呪文を唱えることを記している（忽滑谷（ぬかりや）快天博士著『禅学思想史』参照）。以上の風は明代に流伝して、隠元の家風、黄檗の宗風に及んでいるのである。

わが臨済宗にみられる浄土的色彩の片鱗

密教的色彩・祈禱主義的分子は、従来のわが臨済・曹洞両宗にもかなり多く存在していた。したがって、密教的色彩をもって黄檗禅の特色として挙げることには問題がある。しかしそれにしても、黄檗派に、臨済・曹洞両宗に比してより濃厚に密教的色彩が加わっていたことは認めねばならぬであろう。浄土的色彩の方はどうか。わが入元僧の中には、禅浄兼修で有名な中峰明本の法を嗣いだものに古先印元・明叟斉哲・無隠元晦・業海本浄・遠渓祖雄らがあり、嗣法にはいたらなくともその門下に参学したものに、寂室元光・孤峰覚明以下多数のものがおった（玉村竹二著『夢窓国師』参照）。したがって、その影響が多少当時のわが禅林に及んだことが考えられるし、江戸時代でいうならば、隠元渡来前に妙心寺派の雲居希膺（うんご（こう）きよう）は、永明（ようめい）延寿の風を学んで念仏禅を唱え、当時の禅界に一異彩を放っていた。したがって隠元渡来以前のわが禅林に浄土的色彩が絶無であったということはできないが、それにしても雲居希膺のような場合は特例であった。それ故にこそ、雲居希膺は妙心寺の諸老からその宗義に違うことを責められ、更衣奪位されようとし、その『念仏要歌』の版木は会下（えか）の僧から焼却されているのである。少なくとも隠元渡来当時についていうならば、浄土的色彩はわが臨済・曹洞両宗には殆んどなく、黄檗派の特色をなしていたといってさしつかえない。

己身の弥陀唯心の浄土

隠元は臨済宗楊岐派の系統に属しており、したがってその家風、黄檗禅の真髄は、わが従来の臨済禅のそれと相異のあるべきはずはないのであるが、明末の禅風を移して浄土的色彩を有していたことは、以上みてきたとおりである。その浄土の見方は、「己身の弥陀、唯心の浄土」の意味であり、純粋の浄土宗の説明とはもちろん異なっていたのである。

下根の者に念仏を勧む

隠元は東渡後、わが在俗の信士らに念仏を勧めていた。瑤林善人からその理由を問われたのに対し、

> 老僧、東のかた此の土に来ってより今に迄って十載、専ら済北の道(臨済宗)を行なう。奈何せん、時輩根劣に気微にして能く担荷するもの無し。已むことを得ざるに至って、亦人をして念仏せしむ。正に病に応じて薬を与うるの意なり。誰か宜しからずと謂わん。(『黄檗和尚太和集』巻二書問・復示瑤林善人)

と説明している。すなわち下根の者に対して念仏させるのであって、隠元にいわ

せれば、「正に病に応じて薬を与うるの意」であった。修業者はもちろんのこと、在俗者でも上根の者に対しては、わが臨済宗の師家と同様な接化（せっけ）の手段を用いていた。その真意を忖度（そんたく）するならば、如来（にょらい）が一切衆生の機根にまかせて教化したといわれるように、慈悲の方便をも用いて、智者も愚者も余さず漏さず最上乗の法門に帰入させる、というつもりであったろうと思われる。

ともあれ隠元の家風には、明末の禅風を伝えて西方浄土の色彩があった。このことは、念仏を他力宗の専有のように考えていた当時のわが臨済・曹洞禅侶に奇異の感じを与え、かれらの中には嫌悪（けんお）の情をいだいたものもおったであろう。しかし他面、隠元の家風、黄檗の宗風のもつ総合仏教的な色彩は、一部僧俗の注目をひき、中にはその新奇な点にひかれて黄檗派に接近するものがおったのではなかろうかと思われる。

第七　終焉

一　示寂

死を予知す

寛文十三年（一六七三、九月に延宝と改元）隠元は八十二歳の元旦を迎えたが、これが隠元の迎えた最後の元旦であることは、すでに述べたとおりである。隠元が示寂（じじゃく）するまでの経過は、示寂五日後に法嗣の慧林性機が撰した『黄檗開山隠元老和尚末後事実』にくわしく記されている。隠元がどのようにして示寂していくか、それをみることは、禅僧隠元を理解する一助にもなろう。その意味で、慧林性機の記録により、示寂までの経過を概略みていくことにしよう。

寛文十三年の元旦の斎後、隠元は頭に笠をいただき、杖をたずさえて衆寮をめぐり、「老僧行脚し去る」といった。侍者の柏巖性節が、「和尚に一文銭を与えん」というと、呵々大笑した。当日独本性源に付法し、次いで十五日には独吼性獅に密雲円悟・費隠通容ならびに自己の讃を題し、十八日には南都一乗院真敬法親王の来訪をうけ、偈をもってその問道に答え、二月三日には後水尾法皇から錦織の観音大士像を下賜され、偈を述べて進謝した。たまたま加賀(石川県)の善士の捐金による開山塔の修理ができあがったので、十九日に塔碑をたて、「開山隠元老和尚寿塔」と大書した。午時に合山の僧衆が落成を慶祝した際、隠元は命じて龕を開かせてみずから龕中に安座し、「老僧の寂後三年間龕をとどめ、そののち塔の中に納めるように」と委嘱した。元旦の巡寮の際の言といい、この日の委嘱の語といい、隠元が自分の死の近づいていることを感じていたことが察せられる。事実この日二月十九日の午後、隠元は微疾を示しているのである。

二月二十四日に、法嗣の慧林性機が病を聞いて仏日寺から来山し省侍した。隠元は大いに喜び一偈を賦しているが、これより病ますます重くなり、衆の勧めに従って服薬した。三月一日には病が少しく癒えたので、偈を作って衆を慰めた。六日には嵯峨直指庵の独照性円、二十一日には前麻田藩主青木重兼（寛文十二年十二月退隠）・前小普請佐野久綱（寛文八年八月退隠）が見舞いに来訪し、二十三日には若狭小浜城主酒井忠直（酒井忠清の子、修理大夫）の使者を初め、四方の僧俗の病を見舞うもの絶えず、隠元は病弱をおして常の如く応接した。本山住持木菴性瑫および塔頭の院主らも、終日かたわらに侍した。隠元は一同に対し、「お前たちは心配するに及ばない。自分は年老いている。病も常事であり、死もまた常事である。憂うるに足りない。ただ古黄檗は神宗皇帝勅賜の道場である。古黄檗を離れて以来多くの年月を経過しているが、自分は念々古黄檗のことを忘れたことがない」といい、古黄檗の大衆に寄せて、

偈を書し古黄檗の大衆・諸護法に寄す

　老漢多年海東に渡る。
日来将に覚う報縁の終ることを。

言を黄檗の諸禅に寄せて道う、

　力めて門庭を振って祖風を紹げ。

という偈を書し、また古黄檗の諸護法に寄せて、

　従来仏法王臣に付す。
　争でか若かん諸檀念力の深きに。
　勝幢を扶起して祖徳を光す。
　千秋日月天心に廓なり。

という偈を書した。

二十九日は、本師費隠通容の諱日に当るので、偈を説き、病をおして霊前に至り作礼しようとしたが、左右の者にとめられ、炉を取って三たび心香をたき、南源性派に代献させた。午後豊後森城主久留島通清（信濃守）が来て慰問し、河内（大阪府）法雲寺の恵極道明（木庵の法嗣）も見舞いに来た。翌三十日には、後水尾法皇が使をつか

偈を述べ後水尾法皇に進謝す

わして存問された。隠元はしばしば天眷を蒙り、報酬し難いことを思い、

廿年行化して東方に寓す。
屢〻洪恩を受けて念じて忘れず。
珍重す上皇寿算を増して、
西来の正法仗って敷揚せんことを。

という一偈を述べて進謝した。午後道具を片付けさせて、左右の者に向い、「自分は住世久しくない。お前たちはまさに法門を重んじ道を貴び、かりそめにも声利を求め、みずから至徳を失うようなことがあってはならぬ。自分の死後もしわが訓えに違うならば、わが眷属ではない」と諭し、一偈を書して衆に示した。申の刻（午後四時）に至り、威を震って喝一喝し、「会すや、一喝に喝砕す太虚空。万象森羅一掃に空す。苟も能く虚空の橛を識得せば、照徹す大千一夢の中」といって呵々大笑し、掌を拍って「快活々々。生もまた快活、死もまた快活」と叫んだ。

将軍家綱に致謝す

四月一日には、将軍家綱の檀恩厚きことを思い、

西来万里の老桑門、
地を賜い宗を開いて国恩を感ず。
今日功円（まどらか）にして恭しく謝を致す。
河山位鎮して永長に存せよ。

という一偈（挿図参照）を書して感謝の意を述べ、併せて王振鵬（しんぽう）（元代の画人、字は明梅、孤雲処士）筆の墨画の羅漢図を進上した（この羅漢図は同年九月幕府から改めて黄檗山に授かっている）。午後大衆に偈を説き、侍僧に命じて代書させ、またみずから筆をとって法子・法孫に示す偈を書した。二日には、後水尾法皇から特に大光普照国師の号を授かった。これは林丘寺宮光子内親王の奏請によるもので、隠元は

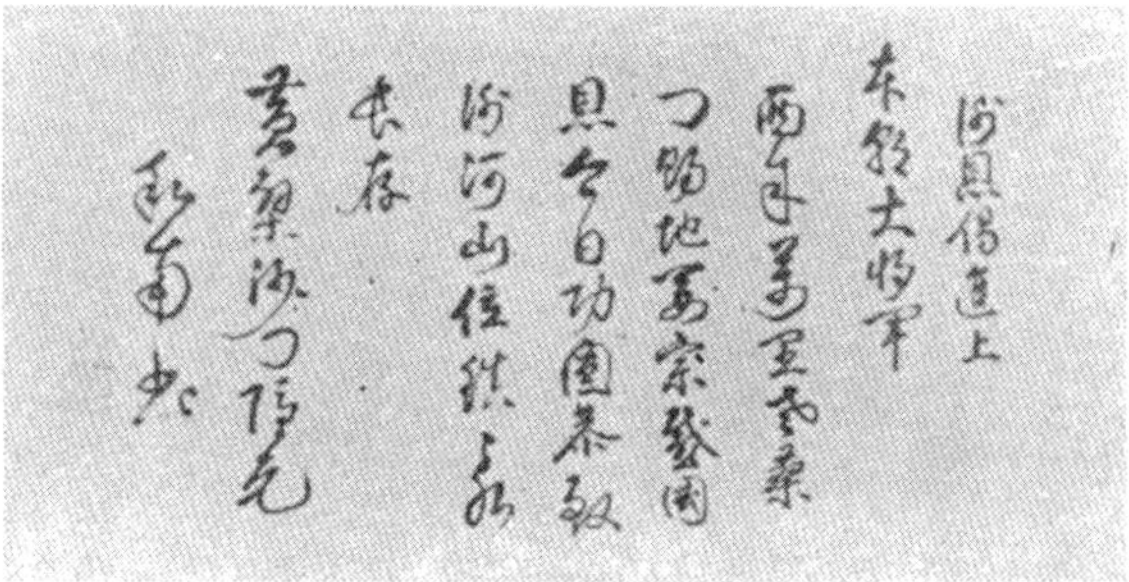

大光普照国師の号を授かる

家綱に対する謝恩偈（内閣文庫蔵）

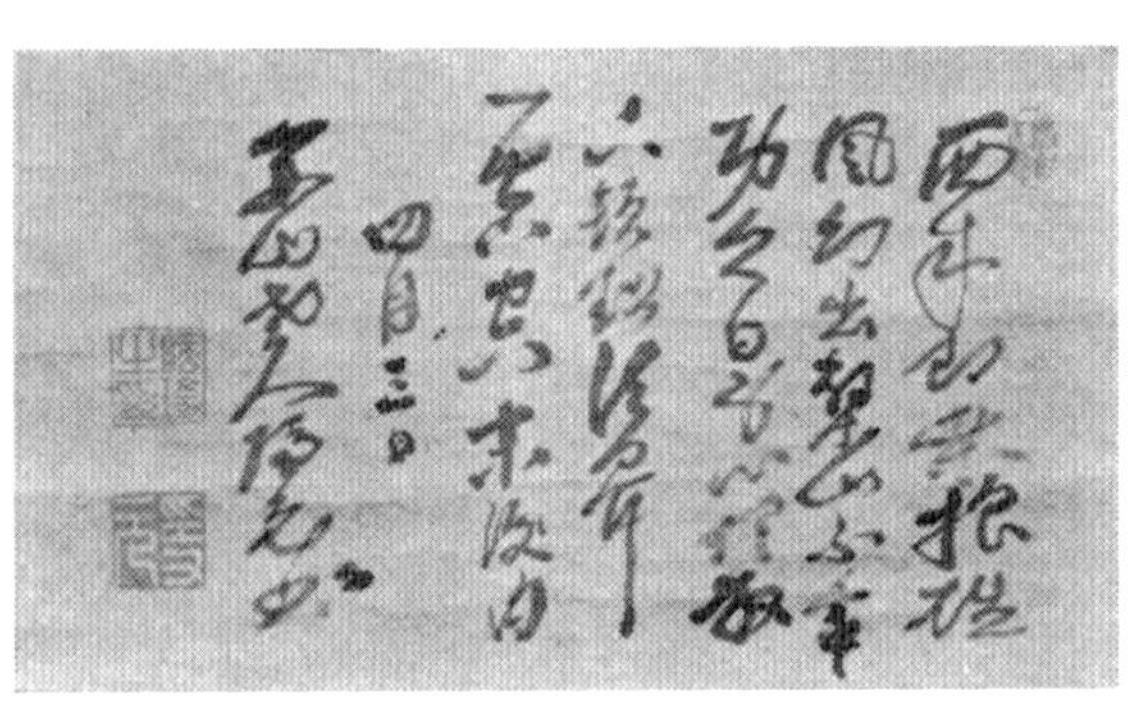

遺　　偈（黄檗山蔵）

法皇に対する謝恩の偈を書し、別に一偈を書して光子内親王の敬法に答えた。

三日の早朝、隠元は左右の者に死期の迫ったことを告げ、遠く離れることを禁じた。そして午時に斎堂の飯梆を聞き、大衆を斎におもむかせ、左右の者に扶起させて水で手と顔を洗い、趺坐した。ややしばらくして筆をとり、

西来の即栗（榔標）雄風を振う。
檗山を幻出して功を宰せず。
今日身心倶に放下す。
頓に法界を超えて一真空。

という遺偈（挿図参照）を書し、筆をおき目を閉じて坐

した。たまたま青木重兼・直影兄弟が来訪し、安否を問うた。隠元は目を挙げて顧視し、両人が退くとそのまま寂したのである。ときに未の刻(午後二時)であった。

以上みてきたように、隠元は寛文十三年四月三日に八十二歳で寂している。渡来してから十九年九ヵ月後、松隠堂に退隠してから八年七ヵ月後のことである。身を留めること三日にして鎖龕し、百日の間門人らは供物をそなえて龕側に坐禅し、朝晩の二時諷経した。遺命どおりあしかけ三年間龕をとどめ、延宝三年(一六七五)四月三日に龕を開山塔に納置しているのである。

二　寂後

不思議な因縁

隠元の生涯をふり返ってみるとき、その生涯に一時期を画した東渡は、也懶性圭の溺没という偶然な出来事が機縁になっている。隠元は最初三年の予定で東渡した。その際竜渓・禿翁・竺印らが妙心寺次いで普門寺への招請運動を起さなかったら、隠元は先きに渡来した道者超元（どうしゃちょうげん）の如く長崎付近の僧俗を教化して予定どおり帰国し、わが仏教史の片隅に名を留めるにすぎなかったであろう。さらに想像をめぐらすならば、愚堂・大愚らの反対がなく、竜渓らの妙心寺への招請運動が成功したらどうなったであろうか。妙心寺を中心としてわが禅林に影響を与えたとしても、黄檗山の建立、禅宗黄檗派の開立はみられなかったにちがいない。隠元の東渡から黄檗派の開立に至るまでのいきさつは、不思議な因縁であったというほかはない。

唐僧住持の歴住と明風の法式維持

古黄檗・福厳（ふくごん）寺・竜泉寺・興福寺・崇福（そうふく）寺・普門寺・黄檗山の歴住、いわゆる「出世三十七年七坐道場」といわれるうちで最も注目すべきは、いうまでもなく古黄檗とわが黄檗山の住山である。特に後者はわが国における黄檗派の開立と関連しており、隠元にとっても大いに張りあいのあることであったにちがいない。隠元は黄檗山の開山として、黄檗山歴代住持を自己の法系の唐僧をもって充てる方針を定めた。それは酒井忠勝の意見に従ったのではあるが、隠元自身としても、そうすることが黄檗山の特色を発揮する所以であり、当時の支配者・識者層の中国文化に対する憧憬の念からみるも、黄檗山の興隆、黄檗派の発展を維持促進する所以であると考えたことであろう。隠元のこの方針はその後守られて、十三代竺庵浄印まで唐僧住持が継席し、十四代竜統元棟・十六代百痴元拙・十七代祖眼元明・十九代仙巖元嵩の和僧を除き、二十一代大成照漢まで唐僧が住し、以後唐僧の渡来がなかったため、二十二代格宗浄超以後もっぱら和僧住持になっているが、和僧住持となってからもその最も意を用いたのは、黄檗山特有の明風の法式を維持することであった。そこに隠元の遺志が継承されていたとみられるのである。

「開山塔院規約」

隠元の寂後百ヵ日がすぎた寛文十三年七月十五日に、黄檗山では住持木庵および諸法孫が「開山塔院規約」十六条を議定した。そのうち隠元の祭祀に関係あるものをあげると、㈠隠元の像前の香燈を常時たやさぬこと、㈡晨午（朝と正午）の粥飯を献ずること、㈢毎月三日の忌日に合山・各院の僧衆が開山堂に至って念誦すること、㈣毎月朔望（一日と十五日）に早粥後合山の大衆が開山堂に至って礼拝すること、㈤毎年正月の三日間と大晦日の晩に合山の大衆、各院の僧衆が開山堂に集まって念誦・献供すること、㈥毎年四月三日の開山忌に常住より斎を設け供を献ずること等であり、なお毎年七月十五日後に塔頭の院主が一年交代で松堂（松隠堂）塔主を勤めることが定められている。これらのことは、その後忠実に守られた。松堂塔主についていえば、隠元の在世中に存在した十二塔頭（松隠堂を除く）に紫雲院（示寂の翌年木庵が建てる）を加えた十三塔頭の院主が七月十九日に交代し、一年ずつ輪番で塔主を勤めていた。四月三日の開山忌は特に厳粛かつ盛大に行なわれ、上午に住持・合山・各院の僧衆の開山堂諷経ついで寿塔の拝（開山塔の拝礼）があり、午時に合山・各院の僧衆および他宗の拝塔者に、方丈・竹林（竹林精舎）・斎堂において普茶（普茶料理）の振舞いがあった。江戸時代後期の記録によると、京都五山、宇治の興聖寺、八幡（やわた）の円福寺等からかなり多くの拝塔者があり、いずれも普茶の振舞いをうけていたのである。

国師号の追贈

以上みてきたように、黄檗山では宗祖隠元の祭祀を丁重に行なっており、五十年目ごとの大遠諱（おんき）には特に国師号の追贈を奏請していた。かくて享保七年（一七二二）の五十回忌には霊元上皇から仏慈広鑑国師、明和九年（一七七二）の百回忌には後桃園天皇から径山（きんざん）首出国師、文政五年（一八二二）の百五十回忌には仁孝天皇から覚性円明（かくしょうえんみょう）国師の号をそれぞれ追贈され、示寂二百四十五年後の大正六年（一九一七）に二百五十回忌を予修した際には、大正天皇から真空大師の号を贈られているのである。

外典の閲読と三教一致思想

第八　毀誉褒貶

一　人　柄

隠元は古黄檗住山の初期に一切蔵経を開閲しており、仏典に通じていたことはいうまでもないことである。仏典以外では、『列子天瑞篇』『屈原伝』『陶靖節先生伝』（陶淵明伝）『王氏貞烈伝』『陶公詩集』（陶淵明詩集）『三隠詩集』『一帆風集』『白沙陳先生集』（『盛明百家詩』所収）『蟄声詩集』（独往性幽の詩集）、日本人のものでは虎関師錬の『済北集』『元亨釈書』、瑞溪周鳳の撰した『善隣国宝記』等を読んでいたことが、たまたま読後の感想を叙した詩偈の序や書信などによってわかるが、実際には以上のほかにもいろいろ外典（仏書以外の書物）を読んでいたように思われる。元代の僧石屋清洪・栯堂益・中峰明本の詩には傾倒していたようで、万治三年（一六六〇）普門寺在住中に石屋山居の詩四十首、栯堂山居の詩四十首、中峰四居の詩四十首（船居十首・山居十首・水居十首・鄽居十首）を編輯し、『三籟集』と題して上梓している。古黄檗の上堂に「諸人還って儒仏の心を知るや。悟れば則ち事同一家、悟らざれば則ち万別千差」云々といっており、「三教聖人図に題す」詩偈（『耆年随録』所収）を作っているところをみると、仏教を中心としながら三教（仏教・儒教・道教）一致の思想を有していたように思われる。

六十二歳のとき古黄檗にあって一ヵ月余病んだことがあるが、それ以外は病気らしい病気もせず、健康には恵まれていたようである。八十二歳で病死しているのは、おそらく老衰によるのであろう。生前身につけていた法衣（黄檗山所蔵）や頂相（肖像画）からは、長身にしてやや痩軀の風姿が想見される。微笑を浮かべている頂相をみると、接する人に威圧を与えず、温顔・慈顔で、親しみやすい感じを与えていたように思われる。その書特に大字は墨痕温潤、運筆緩かでしかも渋滞のあとを留めず、悠揚として逼らざるところがある。隠元の人柄がそこに示されているように感じられる。

二十一歳のとき父を捜すため長途の旅にのぼったこと、また母の意にそって出家を延期していた（既述）ことからもわかるように、隠元は孝心の篤い人であった。崇禎十四年（五十歳）古黄檗住山中に報恩塔を万松庵の左に造り、母龔氏および衆父母を葬り、石を立てて記をつくっており、寛文十年（七十九歳）には、故国の兵火後先祀の

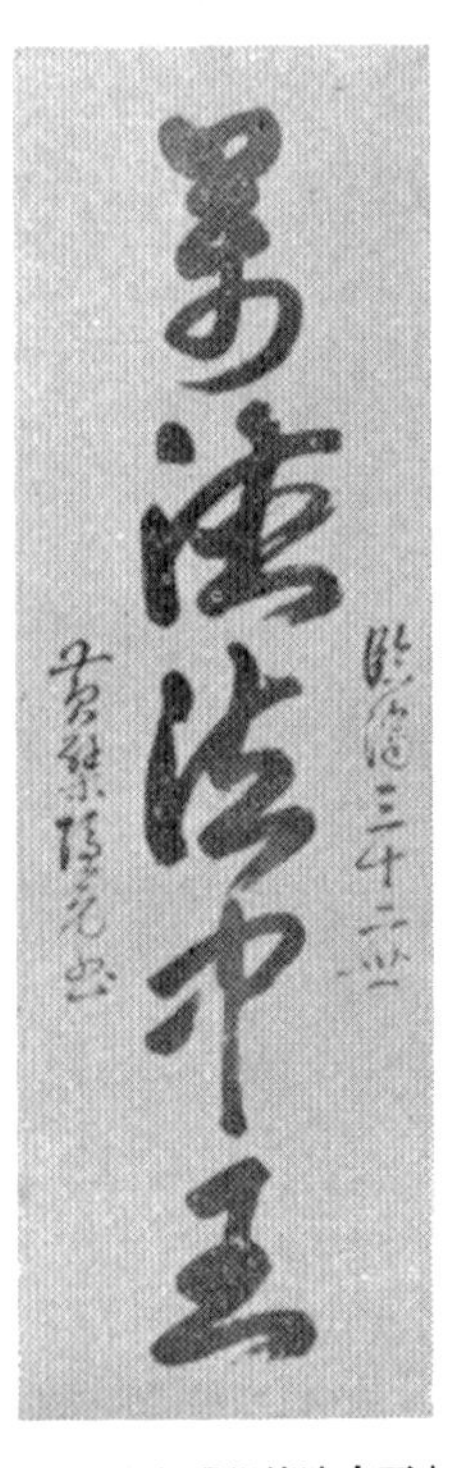

隠元書「萬徳法中王」
（黄檗山蔵）

絶えることを思って父母の木主を松隠堂に立てている。示寂二日前に病床に侍する別伝道経（延宝二年七月木庵に嗣法）に向い、「汝母を養って孝念尚ぶ可し」といい、侍僧をよんで金を取ってその母に送っているのは、自分が孝心に篤かっただけに別伝の孝心に心を動かしていたのであろう。

放生を勧め、殺生を戒める詩偈を多く残しており、「吾海外に在ること数載、惟だ人に勧めて修福放生を急務と為す」「吾亦老いたり。風燭定まらず。毎に放生を思うて急務と為す」（『黄檗和尚太和集』）といい、黄檗山に在っては毎月放生を行なっていたが、放生池の魚鳥が狸鼠に食われるのをあわれみ、「禁殺告神文」を作っている。これらのことは僧侶として当然のことをしていたともいえよう。しかし出家前二十五歳のとき売買して生計を営んだ際、生きものをみると必ず買い取って放っていたので年内にほとんど資本が尽きてしまったといわれ、黄檗山在住中は常に襯資（布施の金）をもって米を買い、昼どきになると必ず自分で鳩に散施しており、日ごろ冗談（じょうだん）に、自分は白鳩の行堂（あんどう）（未だ得度せず寺中諸役の下にあって給事する者）であるといっていた（『黄檗開山老和尚末後事実』）。これらの点から考えると、生きものに対しては、生来深い愛情を有していたように思われる。

名利に淡白

寛文十一年（一六七一、八十歳）、「江東主人」を中心に隠元に紫衣を授かろうとする運動が起こった際、これを聞いて喜ばず、南源性派に命じてその運動をおさえさせたこと、また示寂三日前に門人らに対し、「法門を重んじ道を貴び、かりそめにも声利を求め、至徳を失うようなことがあってはならぬ。自分の死後わが訓（おし）えに違うならば、わが眷属（けんぞく）でない」と諭したことは既に述べたとおりである。公家・幕閣・幕臣・大名らと多く交渉を保ってはいたが、名利に対しては淡白であったようである。

二　一般僧俗の毀誉

隠元に対する関心の高まり

隠元は他宗僧侶および公家・幕閣・幕臣・大名・藩士・庶民らの一般僧俗と、多く関係交渉をもっていた。このことは、いいかえれば、隠元が生前各階層のものから多く関心をもたれていたことを示している。隠元に対する一般僧俗の関心ないし人気は、生前のみでなく、その寂後においても衰えず、かえってますます広まり、高まっていったように思われる。

黄檗山の興隆と黄檗派の発展

幕藩体制の枠の中に閉じ込められ、活動の自由を拘束されて、萎微沈滞し形式化していた仏教界にとって、黄檗山の開創、黄檗派の開立は、刮目すべき事実であった。絶対権力をもっている幕府が背後にひかえ擁護に乗りだしたことは、黄檗山にとって強味であり、伽藍寮舎が整備され、塔頭が増建され、結制の際には五百に近い僧衆を擁して、檗僧らのいう「御当家(徳川将軍家)御建立の宗門」として、黄檗山ないし黄檗派は興隆発展の一路をたどり、隠元寂後七十年の延享年間(一七四四―四七)には、檗派の寺院は千余ヵ寺を数えるようになった(『延享二年・済家黄檗山萬福禅寺派下寺院牒』)。檗派寺院の発展は、本山黄檗山の重みを増し、開山隠元に対する関心を自然と高める結果になったろうし、他方、檗派寺院の地方への発展は、地方人士をしてその特色ある法式特に施餓鬼、明音の読誦法に好奇心をいだかせ、檗僧住持の宣伝も手伝って、黄檗派の宗祖隠元に対する関心を新たにいだかせるようになったと思われる。

　隠元に対する関心の高まりに関連して、「黄檗趣味」の流行を考慮する必要があろう。

黄檗山の異国情緒

　女流俳人菊舎の「山門を出づれば日本ぞ茶摘唄」の句にいみじくも表現されているように、黄檗山は明風の伽藍・法式をもち、そのうえ唐僧が代々住していて、極めて異国的な雰囲気をかもし出していた。中国文化に対する関心ないし中国趣味が支配者・識者層の間に高まっていた当時として、中国情緒豊かな黄檗山は、特に注目をひいたにちがいない。黄檗山を訪れた大名・幕臣（京都所司代・京都奉行・京都代官・二条大番頭・伏見奉行は必ず一度、在京目付は毎年宇治辺巡見の節来山した）・文人墨客らがひとしく目を奪われたのは、費隠・隠元・木庵・即非・慧林・独湛・高泉・千呆（せんがい）（性侒）・悦山（道宗）らの唐僧が、腕をふるって書いた扁額（へんがく）・聯額の大文字、日本人の到底追随しえない聯額の名文句ではなかったろうか。黄檗山の聯額をみて、好事家（こうずか）が高泉のもと

費隠筆，黄檗山開山堂扁額「瞎驢眼」

費隠筆，黄檗山法堂扁額「獅子吼」

に多く集まってきて門聯を求め、高泉が「その意に違うを欲せず、輒ち為めに製作して覚えず帙に盈ち」た事実（『大円広慧国師遺稿』巻第三・聯偶序）、さらに年代は下るが、寛政四年十二月に柴野栗山（寛政三博士の一人）が幕命をうけ、門人二人を伴なって黄檗山を訪れ、数日間滞在して開山堂以下諸堂の聯額を残らず写しとっている（『二十二代虚席知客寮須知』）のは、黄檗山の聯額に触発された黄檗趣味の現われとみられよう。

隠元を初めとしてその法子・法孫らの唐僧は、いずれも書にすぐれていた。「隠木即」といわれ、隠元・木庵・即非の書は特に珍重されたが、その他の唐僧の書も、ひとしく世人から珍重されていた。隠元その他の唐僧と直接関係交渉をもった僧俗はもちろんのこと、そうでないものも、かれらを介して唐僧の墨跡を入手することに努めており、依頼された唐僧の方でも拒むことなく揮毫して与えていた。このようにして唐僧の墨跡は盛んに世間に流布していき、それらは「黄檗物」といわれ、文人趣味と結びついて、煎茶席の懸用幅として珍重されるようになった。

唐僧はいずれも、詩文に巧みであった。「詩南源・文高泉」といわれ、特に南源は詩に、高泉は文に長じていた。唐僧からみると、日本の僧侶は一般に学問は博くとも文に長ぜず（高泉の「瑞林集序」）、「夢窓（疎石）・絶海（中津）・義堂（周信）・虎関（師錬）諸老の後より禅門の語言・文字多くは見るに堪えざる」ものであった（『南源禅師芝林集』巻第二十三書問・与法雲禅師）。当世に名を知られている禅林の尊宿、禅林外の碩師・鴻儒・文士にして高泉の門に謁せざる者なく、碑銘・語録の序跋・題讃を求める者日々門に塡ち、諸方の選述必ず高泉に就いて誤りを正し、高泉から覧てもらわなければ世間に信用されなかった（『大円広慧国師紀年録』）といわれるのは、唐僧の中でも特に文に長じていた高泉であるという点もあろうが、唐僧に対する一般僧俗の関心が奈辺にあったかを示しているように思われる。年代は下るが嘉永元年（一八四八）檗僧禅統真紹が『漢牘裁正録』の序の中で、「古ヘ黄檗ノ一宗、中華ヨリ道徳・文章ノ二美ヲ以テ渡来セシヨリ、

（中略）各国ノ諸侯我モ〳〵ト劣ラズ帰依推崇セラルルハ、皆コノ二美ヲ出デザル所以ナリ」といい、檗僧が諸大名から帰依推崇される理由として、「道徳の美」のほかに「文章の美」をあげているのは、たしかに一面の真実を語っていると思われる。

黄檗趣味の流行と隠元に対する関心の高まり

以上みてきたように、江戸時代には、異国情緒豊かな黄檗山や黄檗唐僧の墨跡・詩文等に対する関心、いわば「黄檗趣味」ともいうべきものが、一般の中国趣味・文人趣味と結びついて、支配者・識者層の間に広まっていき、この面を通じて唐僧が高く評価されていたことは見のがしえないことである。しかして一般唐僧に対するこの評価は、やがて黄檗派の宗祖隠元に対するより高い評価へと還元されていき、「仏法は黄檗隠元」（『玉滴隠見』巻第二十六）、「檗山隠元、（中略）近世釈儒の人、口を開けば便（すなわ）ち言う、道天地に充ち古今に塞（ふさ）がると」（『本朝高僧伝』巻第四十五・城州萬福寺沙門隆琦伝賛）といわれるようになったものと思われる。

妙心寺側の反撥

しかし一般の傾向としては右のようにいえるとしても、その生前・寂後を通じて隠元を白眼視し、時に悪しざまにいうものが他宗内部に存在したこともまた事実である。この事実をまず妙心寺派の禅僧の中にみることができる。普門寺在住当時、妙心寺側に隠元・竜溪に対する反抗感情が早くも起ってきたことは、既に述べたとおりである。黄檗山が開創され、隠元が開山となって祝国開堂を行ない、新たに黄檗派が開立されたことは、妙心寺側にとっても驚異の事実であったに相違ない。特に竜溪が黄檗派に転派し、鳥取竜峰寺の提宗が法属とともに一切の規縄みな黄檗山に準拠し、黄檗山の風規に従って門下の僧徒をして念経坐禅させ（既述）、また自派の雲水が黄檗山に掛錫し、衣体を変じ法名を改めるなどのことがあり、着々その影響が及んでくるのをみて、妙心寺の態度は硬化せざるをえなかった。

妙心寺の壁書補正とそれをめぐっての論争

妙心寺では、隠元崇拝から黄檗派に傾いた竜安寺塔頭の二―三人を百日閉門・

公界不出頭の懲戒に付す（川上孤山著『妙心寺史』）とともに、寛文五年（一六六五）七月壁書を補正し、他山に掛錫して衣体を変じ、法名を求めるなどのことあらば、再び本山（妙心寺）に還ることを許さないことにした。この他山が黄檗山を指していることは、いうまでもないことである。

隠元・竜溪に対する反感の高まり

この壁書の補正に対しては、寛文七年に竜溪と竜峰寺の提宗慧全とが相謀り、提宗が一文を草し、これを妙心寺四派の役者に送って反駁し、これに対して妙心寺側では、塔頭水月院の無門源真が『答客問』一篇を作って反撃している。かくて隠元・竜溪らに対する反抗感情はますます高まっていき、それは隠元・竜溪の寂後も長く尾を引いていったのである。寛文十年（一六七〇）八月二十三日、竜溪が大坂の九島院に滞在中たまたま海嘯があり、激浪同院を襲い、竜溪が水中に禅座して寂したことをもって、竜溪が妙心寺開山（関山慧玄）の法を改めた責罰によるとし、かの海嘯の激浪を関山濤と妙心寺側でいい伝えるようになった一事にも、その一端がうかがわれる。

「禅林執弊集」の記事

隠元が寂してから二十七年後の元禄十三年（一七〇〇）、花園末葉亡名子の匿名で出された桂林崇琛の『禅林執弊集』（正続二巻）をみると、黄檗派を非難した箇所が非常に多い。真向から隠元を非難した箇所はないが、隠元・木庵・即非・高泉らの渡来を弘法のためでなく、中国における失意の結果であると説明している（既述）のをみても、隠元に対し心よく思っていなかったことが容易に想像される。

無着道忠の隠元評

『禅林執弊集』が開版されてから二十年後の享保五年（一七二〇）に書かれた『黄檗外記』一巻は、竜溪および隠元を悪しざまにいうために記されたともいうべきもので、著者が竜溪と不和になった竺印の法嗣であり、竺印のあとを受けて妙心寺塔頭竜華院の第二代となった無着道忠であるだけに、その批評は露骨で、隠元を「名利ノ僧」と断じ、「元（隠元）ノ軽薄此ノ如シ。其ノ風虚豁（空虚でとりとめがない）知ルベキ也」、「其ノ徒ノ誑譎闇閻（あざむきたわむれいやしい）、皆ナ元祖（隠元）ヨリ出ズ」などときめつけている。その論評の当否は別として、とにかく妙心寺側の隠元・黄檗派に対する反感が長く尾を引いていったことは明らかである。

曹洞宗の檗風化と祖規復古運動の擡頭

隠元・黄檗派に対する反感は、妙心寺派以外では、曹洞宗の祖規復古運動者の間に起っている。ここで曹洞宗の祖規復古運動の擡頭について一瞥すると、黄檗派の開立とその発展は、曹洞宗に大きな刺激を与え、曹洞禅侶は相ついで黄檗の門庭に参叩し、「檗禅西来機鋒甚だ鋭く、能く当為する者有ることなし。天下の洞宗靡然として之れに従う」（加州大乗護国禅寺中興碑）の観を呈するようになった。しかしてその檗門参叩者の中には、そのまま黄檗派に転ずるものもおったが、多くは檗風に化せられて宗門にかえり来り、しきりに黄檗の禅風を鼓吹するようになり、曹洞宗はかなり速かに檗風化されていった。すなわち、曹洞宗寺院においては、古制の僧堂を釐修して黄檗様の禅堂とすることが流行し、読経の際に黄檗様の法器（木魚など）を用い、一部には明音で経文を読誦することが行なわれ、また黄檗の禅戒が開演されるようになった（『永福面山和尚広録』『僧堂清規考訂別録』『洞上伽藍雑記』『尸羅敲髄』その他）。特に黄檗清規の浸潤には著しいものがあり、「間禅規を行なうも率ね明清の規典に依頼し」、「祖規を蔑視すること寃讐の如く」、「上は永平(永平寺)より下は海内の支流に至るまで、古を舎て今を逐い」、道元の家訓と矛盾するもの滔々として易うべからざる状態になった(『祖規復古雑稿』)。かように曹洞宗の檗風化が進むにつれて、他方この風潮を慨嘆し、道元の清規に復帰しようとする運動が起ってきた。祖規復古運動がそれで、寛文七年(一六六七)光紹智堂の『永平大清規』の編修開版に始まり、月舟宗胡・面山瑞方・玄透即中らを中心にして具体的に推し進められていった。

甘露英泉の攻撃

祖規復古運動者の中には、隠元に対し、公然と攻撃の矢を向けるものがおった。江戸隅田川福寿院の僧甘露英泉が、その好例である。甘露英泉は、隠元の寂後五十一年の享保九年(一七二四)に著わした『尸羅敲髄章』の中で、「隠元禅規(黄檗清規)の如き特に禅規に暗し」といい、隠元が『弘戒法儀』を編正したことに対し、三峰法蔵編するところの『弘戒法儀』を盗用するものであると非難している。そして明様清規の流行を慨いては、およそ本邦の洞宗一人として道元の恩恵を蒙らないものはないのに、近ごろ惟慧道定・徳翁良高ら夢にも『弘戒法儀』の戒源を知らず、五百年来受持するところの十六条戒を放棄し、しきりに十日一会の悪律儀（黄檗の戒法）を開演し、特にはなはだしきは洞宗をして唐音を用い香讃課誦させたと攻撃し、かくの如き妖僧が死んでのちその徒に無得良悟らがあり、無慚愚痴で、ただ衣食のために諸州に奔走し、『弘戒法儀』を遵行していると称し、檗風化した自宗内の僧侶をも口をきわめて罵っているのである。

祖規復古運動者の白眼視

甘露英泉のような例はまれであるが、祖規復古運動者は曹洞宗の檗風化をなげき、それを排撃する立場をとっている。したがって、たとえ口に出していわなくとも、黄檗派およびその宗祖隠元を白眼視し、心よく思っていなかったことは容易に想像できる。

二　檗僧の宗祖観

隠元渡来以前の禅林についての檗僧らの見方

隠元が妙心寺派および曹洞宗の祖規復古運動者から白眼視され、時に悪しざまにいわれたことは以上述べたとおりであるが、立場をかえて檗僧たちの宗祖隠元に対する見方をみると、至極当然のことではあるが、見方が全く一変する。しかも檗僧らの見方には一つの共通点があり、隠元の功績を讃え、他に誇示するための常套語ともいうべきものがあった。そのことを述べる前に、檗僧らが隠元渡来以前のわが禅林をどのようにみていたかを一瞥しておく必要がある。

明暦元年(一六五五)十一月、竜溪宗潜(のち性潜)は前京都所司代板倉重宗とともに摂津富田の普門寺の祝国開堂を隠元に請うた請啓(『隠元和尚普門寺語録』所収)の冒頭に、「伏して以るに、義空に原始し、五千里外禅波乃ち揚る。明極終りを要す。三百年間祖焔続く無し」と記している。明極楚俊が寂したのは延元元年(建武三年、一三三六)で、それから数えると明暦元年は三百十九年後になる。「三百年間」とは、もちろんその概数をいうたのであるが、明極の寂後三百余年間、わが国の禅道が失墜していることを竜渓が認めていたことは、以上の語によって明らかである。三百年来禅道の失墜していることを認めるにしても、以上より年代を数十年引きさげ、義堂周信（一三八八年寂）・絶海中津（一四〇五年寂）のころまでを祖風の振ったときと考え、以後振わなくなったとみるものもおった。南源性派・千呆性侒（即非の法嗣）・遠渓元脈（鉄牛の法嗣）らがそれである（『自牧摘稿序』一『弘福鉄牛禅師古稀寿章』巻下・元脈寿文）。高泉性潡は、以上の中間をとり、東陵永璵（一三五一年来朝、一三六五年寂）のころまでを祖風の振ったときと考え、以後振わなくなったと考えていた（『大円広慧国師遺稿』巻第六・答正覚法親王問陳仙懸讖事書）。

隠元もまた祖風の失墜を認める

三百年来祖風が振わないということを、檗僧のうちで最も早く考えていたのは逸然性融であろうが（『黄檗和尚扶桑語録』・第四請啓）、しかも注目すべきことは、逸然の考えをうけるように、隠元が同様の考えを有していたことである。一―二の例をあげると、明暦元年(一六五五)十月隠元は板倉重宗に対する答語(『隠元和尚普門寺語録』所収)の中で、「三百年前の祖風を起し、以て仏恩に報ず、是れ老僧の本懐」であるといっており、また万治元年(一六五八)十二月、『元亨釈書』を読み、唐・宋より元に至る東渡の諸祖十二人の讃を作っているが、その引(『普照国師広録』巻第二十八所収)すなわち序の中で、「今に迄るまで三百年来禅席寥寥たり」といっている。隠元は当時のわが仏教界についても、「学道の者は多いが、真参実証の者が少ない。邪昧の師が多く、無知の者を惑乱すること少なくなく、盲人が盲人の手を引いて火坑に入るようだ」といっていた(『黄檗和尚扶桑語録』巻第六法語・示竜渓禅徳・示巖手勘右衛門)。そして隠元自身その失墜せる祖風を振起する気概を有していたことは、その詩偈や自讃中の語気からも察することができる。

檗僧らの隠元評

隠元が果して三百年来失墜している祖風を振起したかどうかは別問題として、少なくとも黄檗派の僧侶たちは、宗祖隠元が三百年来絶えていた祖焔をつぎ、已墜の禅風を再び振起したとみなしていた。かれらの語録その他から、数例を拾ってみよう。

○此の国真風地に落つること幾んど三百年、今ま黄檗老人（隠元）再び振うことを得て、大地尽く旧観に回る。（『直指独照禅師語録』巻第二書問・復一峰居士）

○恭しく惟るに、本寺（黄檗山）開山老和尚は径山の首出（費隠の最初の法嗣）、臨済の正伝、一棒西来、三百年の法運を起し、廿春東寓、黄檗五千指（五百人）の道場を開く。（『南源禅師芝林集』巻第二十四・黄檗開山忌疏）

○吾祖黄檗老和尚（隠元）、達磨四十二世の正脈を得、扶桑三百余年の頽風を興す。（『鉄牛禅師自牧摘稿』巻第十二・黄檗開山老和尚手軸跋）

○因みに憶う、吾祖（隠元）一棒西来、扶桑三百年已墜の綱宗を振う。爾時に当り、千草万水風に随って靡き偃す。（『眉用老人内集』巻第二・黄檗開山普照国師半百之大忌拈香）

○隠元和尚来り、此の土を化して三百年来已墜の宗風を興隆す。

（『潮音禅師指月夜話』巻之一・度人為急）

檗僧の常套語

かかる語は、檗僧の語録類をみると、随所に出てくる。

檗僧らは、宗祖隠元を「古断際（黄檗希運）の東来」「初祖（達磨）の復肉」「真の法中の王」「法窟の爪牙、寔にこれ仏門の柱石」などと讃えていた。潮音道海（木庵の法嗣）が、「義空禅師（南岳下の僧、平安初期仁明天皇のとき来朝）より、吾が隠老祖に到るまで、本朝に来化する者殆んど一十六人、其の中に於いて出群抜萃の者は、吾が隠老祖翁（隠元）か」（『指月夜話』）といっているのは、檗僧らの気持をよくいい現わしているように思われる。かくて三百年来已墜の禅風を振起したという意味の語は、檗僧らが宗祖隠元を讃え、あるいは他に向って宗祖の功績を誇示するためのほとんど常套語になっていた（のちには一転して、隠元以外の檗僧を讃える語としても使用されるようになる）。そして以上の語がかれらによってしきりに唱道された結果、享保七年（一七二二）隠元の五十年忌を迎えるに際し、霊元上皇から下賜された加号勅書にも、「曾て請に応じて東渡

霊元上皇加号勅書（黄檗山蔵）

勅。朕以、支那宗匠、断際後身、徳感二神物一、法嘱二王臣一。黄檗開山大光普照国師隠元琦老和尚、乃其人也。曾応レ請東渡、三百年来已滅之宗燈重掲起焉。所以先皇帰崇寵栄優渥。朕亦慮深有二夙縁一、継二其聖旨一、沐二于師風一不二以為一レ少矣。玆逢二半百忌辰近臨一、追慕無レ已。更加二徽号一、謚二仏慈広鑑国師一、塔曰二真空一、以寿二将来一者也。

享保七年三月十三日

し三百年来已墜の宗燈重ねて掲起す」と明記されるようになったのである。

第九　法系

一　法嗣

二十三人の法嗣

隠元の法嗣は二十三人おった。それらのうち日本僧は竜渓性潜・独照性円・独本性源の三人で、他はみな中国僧いわゆる唐僧である。唐僧法嗣二十人のうちわが国に渡来したのは、木庵性瑫・即非如一・慧林性機・独湛性瑩・大眉性善・南源性派・独吼性獅の七人で、このうち木庵性瑫・即非如一の両人は隠元の東渡前既に嗣法しており、他の五人はいずれも東渡後に嗣法している。日本に渡来しなかった十三人の唐僧法嗣のうち広超弘宣・良照性杲・常熙興燄の三人は、隠元東渡後の法嗣である。

法嗣二十三人の嗣法年月についてはこれまで各所で述べてきたが、わかり易くするため、嗣法時の年齢・寂年をも加えて表示すると次のようになる（〇印は渡来僧、●印は日本僧）。

渡来前の法嗣

	（嗣法年）	（嗣法時の年齢）	（寂　年）	（世　寿）
無得海寧	崇禎一六（一六四三）	三八歳	順治一六（一六五九）	五四歳
玄生海珠	弘光　一（一六四五）	四一〃	順治一〇（一六五三）	四九〃
西岩明光	弘光　一（一六四五）	？	？	？
慧門如沛	順治　三（一六四六）	三二歳	康熙　三（一六六四）	五〇歳
也懶性圭	順治　三（一六四六）	？	順治　八（一六五一）	？
良治性楽	順治　四（一六四七）	四八歳	康熙　三（一六六四）	六五歳
中柱行砥	順治　六（一六四九）	？	康熙二〇（一六八一）	八〇余〃
〇木庵性瑫	順治　七（一六五〇）	四〇歳	天和　四（一六八四）	七四〃
虚白性願	順治　七（一六五〇）	三五〃	康熙一二（一六七三）	五八〃

○即非如一	順治	八(一六五一)	三六歳	寛文	一一(一六七一)	五六歳
心盤真橋	順治	九(一六五二)	六二〃	康熙	四(一六六五)	七五〃
三非性徹	順治	一一(一六五四)	三四〃	康熙	一三(一六七四)	五四〃

渡来後の法嗣

広超弘宣	承応	三(一六五四)	五一歳	康熙	一八(一六七九)	七六歳
良照性杲	承応	三(一六五四)	?	順治	一八(一六六一)	六〇余〃
常熙興燄	明暦	二(一六五六)	七五歳	順治	一七(一六六〇)	七九〃
○慧林性機	寛文	一(一六六一)	五三〃	天和	一(一六八一)	七三〃
●龍溪性潜	寛文	四(一六六四)	六三〃	寛文	一〇(一六七〇)	六九〃
○独湛性瑩	寛文	四(一六六四)	三七〃	宝永	三(一七〇六)	七九〃
○大眉性善	寛文	五(一六六五)	五〇〃	延宝	一(一六七三)	五八〃
●独照性円	寛文	一一(一六七一)	五五〃	元禄	七(一六九四)	七八〃
○南源性派	寛文	一一(一六七一)	四一〃	元禄	五(一六九二)	六二〃
○独吼性獅	寛文	一二(一六七二)	四九〃	元禄	一(一六八八)	六五〃

●独本性源　寛文一三(一六七三)　五六〃　元祿　二(一六八九)　七二〃

古黄檗に住した法嗣

東渡しなかった唐僧法嗣のうち、古黄檗に住したのは慧門如沛・虚白性願・広超弘宣の三人である。慧門如沛は隠元のあとをうけ、順治十一年(一六五四)五月古黄

隠元
- ①慧門如沛
  - ④清斯真浄
    - ⑨仲祺道任
      - ⑰曇慇衍勤
      - ⑳心然　伝
    - ⑪靡瑕浄玉
      - ㉓湛青　郁
      - ㉔若育　位
    - ⑭濬微際聖―⑲朗純了愚―㉘極鋒空繡
  - ⑤天池寂晟
  - ⑦渾古普洽―⑫碧遠普存―㉖雪椿衍萱
- 良治性楽―⑥惟吉道謙
- ②虚白性願―⑧壁立如逕
  - ⑮伝印如心
  - ⑯晦谷真昂―㉛了情真念―㊲継宗智鈺
  - ⑱清亮界晃
- ③広超弘宣―⑩良準宗標

檗に住して康熙二年（一六六三）に退隠し、翌年泉州府（福建省）南安県の圭峰報親寺に移り、同年十月五十歳で寂している。虚白性願は慧門如沛のあとをうけて康熙三年十月古黄檗に住し、康熙十二年六月住山中に五十八歳で寂しており、広超弘宣はさらにそののちをうけ、同年十月から同十六年冬まで古黄檗に住して逸老堂に退隠し、二年後に七十六歳で寂している。なお、その後における古黄檗の法席は、多くこれらの三人特に慧門如沛の法系によって継承されている。これを表示すると、前表のようになる（数字は隠元以後古黄檗住山の順を示す）。

日本に渡来した唐僧法嗣および日本僧の法嗣は、隠元を助けてわが禅宗黄檗派の発展に寄与した。そこでかれらのことを概略説明すると、まず木庵性瑫は、隠元に招かれて明暦元年（一六五五）七月長崎に至り（四十五歳）、福済寺に進み同寺に住すること五年、万治三年（一六六〇）十月普門寺にのぼって隠元を省覲し、翌年八月隠元に従って黄檗山に移った。寛文四年（一六六四）九月隠元のあとをうけて黄檗山第二代住持となり、延宝八年(一六八〇)正月退院するまで黄檗山に住すること前後十七年、その間に伽藍の整備に努め、「宝殿門楼煥然として一新」するようになった。住山中寛文五年(一六六五)二月・同十年二月・延宝五年(一六七七)二月の三回三壇戒会を開き、なお延宝二年に塔頭紫雲院、翌三年に万寿院を建てている。寛文十一年四月から同九月、延宝二年九月から翌三年二月にかけて、江戸白金の紫雲山瑞聖寺に住し、延宝二年冬には瑞聖寺において初めて三壇戒会を開き、三百余人に大戒、五百余人に法名を

木庵性瑫画像
(愛知県常滑市神明町，竜雲寺蔵)

授けた。延宝三年八月大坂の南岳山舎利寺、同七年三月摂津川辺郡末吉村（兵庫県三田市末吉）の大覚山方広寺においてそれぞれ七日間結制を行なって開山第一代となった。そのほか、寛文九年（一六六九）に信州（長野県）松代の象山恵明寺、同十二年に上州（群馬県）館林の万徳山広済寺、天和二年（一六八二）に近江（滋賀県）の広慈山円通寺、紀伊（和歌山県）の南山竜興寺、翌三年伊豆（静岡県）の天王山（のち円覚山）高勝寺、摂津川辺郡昆野（兵庫県伊丹市中野北二丁目）の法雄山常休寺、三河賀茂郡上伊保村（愛知県豊田市保見町御山前）の大好山永福寺の勧請開山になった。寛文十年（一六七〇）四月二十七日、紫衣を授かり、延宝八年（一六八〇）正月七十歳で塔頭紫雲院に退休し、天和四年（一六八四、二月に貞享と改元）正月二十日に七十四歳で寂している。嗣法の門人鉄山定（渡来せず）以下五十三人、得戒の弟子三千余人、剃度の弟子若干人あり、隠元の法嗣中最も多くの嗣法者を有していた（「黄檗木庵和尚年譜」）。

即非如一は、順治十一年（一六五四）冬と翌年春の二回、隠元の招書に接して東渡することになったが、故障が起って東渡が長びき、明暦三年（一六五七）二月に曇瑞（千呆性侒)らを伴って長崎に至り、崇福寺に進んだ。直ちに普門寺にのぼるつもりでおったが、国禁のために果すことができず、崇福寺に住すること

即非如一画像
（福岡県北九州市小倉北区，福聚寺蔵）

六年数ヵ月、寛文三年(一六六三)許されて崇福寺を発ち、八月黄檗山にのぼって隠元を省覲し、山内の竹林精舎に住した。同年冬結制の際は木庵とともに首座となり、十二月一日開戒の節は教授阿闍梨を勤めた。翌四年九月四日木庵が黄檗山に進んだ際白槌(証明師)を勤め、翌五日黄檗山を辞して故国に帰ろうとし西下したが、豊

前小倉城主小笠原忠真に迎えられて金粟園に入り、次いで忠真に懇請されて、その開創した広寿山福聚寺に進んで開山となり、翌年四月祝国開堂した。同寺に住すること前後四年、大いに法化を布き、寛文八年（一六六八）七月法嗣の法雲明洞に後席を継がせて福聚寺を辞し、長崎の崇福寺に退隠し、同十一年五月五十六歳で寂した。その住したのは崇福寺・福聚寺の両寺であるが、生前尾張名古屋（愛知県名古屋市中区松原三丁目）の護国山東輪寺、伊予松山（愛媛県松山市御幸町）の万歳山千秋寺の勧請開山になっている。嗣法の門人に法雲明洞・千呆性侒（唐僧）・柏岩性節（唐僧）・翠峰明覚・桂巌明幢の五人がおった。「隠元の徳、木庵の道、即非の禅」と併称され、木庵とともに隠元門下の二甘露門と称された（『即非禅師全録』・『広寿即非和尚行業記』）。

慧林性機・独湛性瑩・大眉性善・南源性派・独吼性獅は、ともに隠元に従って東渡し、興福寺・崇福寺・普門寺に随侍し、慧林性機を除いた他の四人は、寛文元年（一六六一）閏八月隠元に従って黄檗山に移っている。

慧林性機

慧林性機は興福・崇福両寺で書記・維那（いのう）、普門寺で西堂になっており、寛文元年二月摂津麻田（大阪府池田市畑町）の摩耶山仏日寺に住し、同四年九月（日八）祝国開堂を行なっている。翌年二月黄檗山で戒会の開かれたときは、請ぜられて羯摩阿闍梨（こんまあじゃり）を勤めた。延宝六年（一六七八）摂津巴豆川（はずがわ）（兵庫県三田市波豆川）の式盧山大舟寺の勧請開山となり、同八年正月黄檗山第三代の法席を継いだ。住山中天和元年（一六八一）塔頭竜興院を建てており、同年九月三壇戒会を開いて五百余人に授戒した。その後病にかかり、十一月十一日に七十三歳で寂している。嗣法の門人に別伝道経・石雲道如・香国道蓮・晦岩道熙（き）・黙堂道轟（ごう）・喝雲道威の六人がおった（『檗宗譜略』巻中・摩耶山仏日寺慧林機禅師伝）。

独湛性瑩

独湛性瑩は、寛文三年（一六六三）冬黄檗山の西堂になり、翌年五月旗本近藤貞用（さだもち）（語石居士）に請ぜられて遠江金指（とおとうみかなさし）（静岡県引佐郡細江町中川）に赴き、翌寛文五年十一月四日に初山（しょさん）宝林寺に祝国開堂し、以来同寺に住すること十八年、その間に上野（こうづけ）笠懸野新田村（群馬県新田郡笠懸村阿左美）に鳳陽山国瑞寺を開いている。天和二年（一六八二）正月十四日に黄檗山に進んで第四代住持となり、住山十一年、貞享二年(一六八五)三月と元禄三年(一六八九)九月の両度三壇戒会を開いている。元禄五年塔頭獅子林に退隠したが、近藤貞用に請ぜられて再び初山宝林寺におもむき、元禄十年二月菩薩戒を開いて万余人に授戒した。戒会をすまして獅子林に帰り、宝永三年(一七〇六)正月七十九歳で寂している。独湛は平生律身精厳で兼ねて浄土を修し、「念仏独湛」と称された。嗣法の門人円通道成以下三十九人あり、木庵性瑫についで多くの法嗣を有していた(『初山独湛禅師行由』『檗宗譜略』巻中・初山宝林寺独湛瑩禅師伝)。

大眉性善

大眉性善は、隠元東渡の際あらかじめ旅程を計画し、隠元が水陸平穏に長崎に至ることができたのは、その力によるといわれている。興福寺・普門寺において維那を勤め、寛文元年(一六六一)黄檗山の都寺に転じた。翌年山内に塔頭東林庵(のち東林院)を建てて退隠し、同十年二月黄檗山において三壇戒会の開かれた際は、羯摩阿闍梨になっている。鉄眼道光(木庵の法嗣)が開刻した一切蔵経の版木を鎮蔵する土地の狭隘(きょうあい)なのをみて、延宝元年(一六七三)の秋東林庵を譲って宝蔵院とし、蔵版を鎮蔵させたことは有名である。同年十月五十八歳で寂している。嗣法の門人は梅嶺道雪一人だけである。近江蒲生郡土田村(滋賀県近江八幡市土田町)の法王山正宗寺、同じく蒲生郡岩倉(滋賀県近江八幡市馬淵町)の岩蔵山福寿寺、摂津西成郡国分寺村(大阪市大淀区国分寺)の清源山正徳寺の勧請開山になっているが、これらの寺院はいずれも梅嶺道雪の建てたものである(『東林夢語』・東林開基大眉善和尚行状)。

南源性派は、寛文三年(一六六三)黄檗山の維那となり、同八年山内に塔頭華蔵(けぞう)院を建て、十二年冬同院に退隠した。隠元の寂後、『普照国師広録』三十巻・『普照国師年譜』二巻を編修したことは、すでに述べたとおりである。延宝五年(一六七七)二月黄檗山で三壇戒会が開かれたとき教授阿闍梨を勤め、同八年秋摂津東成郡天王寺東村(大阪市天王寺区国分町)の天徳山国分寺に住した。元禄元年(一六八八)四月奈良の竜松院公慶が東大寺の大仏殿を重興し千衆に斎した際、請ぜられて説法拈香(ねんこう)し、法会の導師となっている。元禄五年春、河内河内郡神並村（東大阪市東石切町）の円福山正興寺に陞座して中興となり、同年夏国分寺に帰って高寿軒に退居し、旬日を経ないうちに同年六月二十五日、六十二歳で寂している。嗣法の門人に印光道晏・柏堂道青・覚峰道曜・雲窓道谷・鉄梅道香・素文道璧・業海道寿・大融道通・愚翁道知・廓岩道然の十人がおった（『檗宗譜略』巻下・天徳山国分寺南源派禅師伝）。

独吼性獅は、寛文元年（一六六一）黄檗山の堂司次いで監院となり、同三年後堂に転じている。寛文四年九月隠元が松隠堂に退隠した際随侍し、同七年舎利殿が竣工すると命をうけて舎利殿に移っており、同十一年秋、塔頭漢松院を建て、翌年同院に退居している。寛文三年十二月隠元が初めて黄檗山で三壇戒会を開いたとき証戒阿闍梨を勤め、次いで二代木庵・三代慧林・四代独湛が三壇戒会を開いたとき、いずれも羯摩阿闍梨になっている。黄檗山におること前後三十年、その間山を下らなかったといわれている。元禄元年（一六八八）十一月十六日六十五歳で漢松院に寂している。嗣法の門人に、翠岩道静・独振性英・岱峰道明・盤山道傑・鉄船道岸・明堂道崇・泰寧道璉の七人がおった（『檗宗譜略』巻下・五雲峰漢松院独吼獅禅師伝）。

隠元を普門寺に迎え、その帰唐を引き留め、黄檗派の開立に尽力した竜溪性潜は、寛文四年（一六六四）正月近江蒲生郡松尾山村（滋賀県蒲生郡日野町松尾）の法輪山正明寺に住した。

竜溪性潜画像（黄檗山蔵）

同年四月後水尾法皇に召されて内殿において説法し、栴檀香・黄金・絹布等を授かり、次いで寺額を下賜されている。この年摂津富田（大阪府高槻市富田町）に慶瑞寺の古跡を重興し、翌年法皇から洛北幡枝山の御園を授かって禅寺とし、天寿山資福禅寺の二大勅額を下賜され、同年十一月法皇の皇女光子内親王（のちの照山元瑶）のために説戒した。翌六年、心経の要義を説き『心経口譚』を撰して法皇の叡覧に供し、寛文八年（一六六八）四月内殿において法皇から禅要を問われ、柏樹子の公案を挙し、翌九年九月二十日には法皇から大宗正統禅師の号を授かり、その著『請益録』を改めて『宗統録』とするの宸翰を授かっている。このように、黄檗派開立後の竜溪は、主として正明寺にあって、宮中の法化に身を捧げていたが、寛文十年八月大坂の諸檀護に請ぜられ、弟子拙道徴の九島院に寓した際、たまたま海嘯が起り、六十九歳で禅座して激浪中に寂している（『竜溪和尚語録』・特賜大宗正統禅師竜溪濳公大和尚御葬塔銘）。ちなみに黄檗派の方でいうと、竜溪の法を嗣いだのは後水尾法皇で、円浄道覚（寛文七年十一月七日嗣法）という名で『黄檗宗鑑録』に記載（宝暦十二年以後）されている。法皇の崩御後、貞享二年（一六八五）四月三日に、高泉性潡はかつて法皇から託された伝法偈と払子を竜溪の弟子晦翁宝鬲に付し、ここに晦翁は後水尾法皇の法嗣になった（『大円広慧国師紀年録』）。晦翁の嗣法については是非の論起り、貞享四年七月幕府の決裁によって落着したのである。

独照性円

独照性円は、隠元に興福寺に参見して以来、普門寺・黄檗山に随従していた。「栄名利養を観(み)ること浮雲谷響の如く、志(こころざし)林泉を楽んで応世の意無く」、寛文四年(一六六四)正月嵯峨の翔鳳(しょうほう)山直指(じきし)庵に退隠してから、元禄七年(一六九四)七月七十八歳で寂するまでの三十年間、直指庵に韜晦(とうかい)し、「嵯峨の古仏」といわれていた。法を重んじて容易に許可せず、嗣法の門人は、月潭(げったん)道澄・竹巌道貞の二人だけであった(『直指独照禅師行実』)。

独本性源

独本性源は、寛文二年(一六六二)夏、黄檗山で知蔵を勤め、明年冬堂主に転じ、寛文四年江戸深川の永寿山海福寺に帰った。天和元年(一六八一)相模(神奈川県)大住郡三宮村に石蔵山浄業(じょうごう)寺を開創し、同三年晋山(しんざん)開堂している。貞享四年(一六八七)海福寺を退いて浄業寺に退休し、元禄二年(一六八九)江戸市ヶ谷の七宝山薬王寺の勧請(かんじょう)開山となり、同年八月七十二歳で浄業寺において寂している。嗣法の門人に竜潭道珠・凌雲道体・大仙道覚・実山道伝・恢門道頂の五人がおった（『海福独本禅師語録』・海福独本和尚行業記）。

檗僧の中には、大蔵経開版の大事業を成しとげた鉄眼道光（木庵の法嗣）、売薬「錦袋園」を創製し、これを売出して巨利を博し、その利潤で有益な大事業をなした了翁道覚のような注目すべき僧がおるが、すべて略し、以下述べる「派下」と関連ある高泉性潡にだけふれておく。

高泉性潡

高泉性潡は、十四歳のときから二十一歳のときまで隠元に古黄檗に仕え、隠元東渡の際（高泉二十二歳）は羅川の蓮花庵におり、翌年古黄檗にもどり、以来慧門如沛の会下にあった。寛文元年（一六六一、二十九歳）、隠元の七十の寿を祝するため、慧門如沛の命をうけ、諸宰官の寿文をたずさえ、未発性中・暁堂道収・柏岩性節・惟一道実とともに四月一日古黄檗を発ち（この日慧門如沛に嗣法）、五月二十五日出航し、旬日後に長崎に着いて崇福寺に入り、次いで九月登檗して隠元に謁し、衣鉢をつかさどった。寛文四年、奥州二本松城主丹羽光重（玉峰居士）に請ぜられて江戸の維摩室に館し、五年光重開創の奥州二本松の甘露山法雲院（のち珊瑚寺）に住し、翌年暁堂道収の示寂を聞いて黄檗山にもどった。寛文八年（一六六八）黄檗山内に塔頭法苑院を建て、翌年これに移り、延宝四年（一六七六）七月、加賀金沢（石川県金沢市）の明法山献珠寺に進んで開山となり（『高泉禅師語録』による。『大円広慧国師紀年録』には延宝三年進山となっている）、同七年四月十日、山城紀伊郡伏見大亀谷（京都市伏見区深草大亀谷敦賀町）の天王山仏国寺、同八年二月二十四日、摂津麻田（大阪府池田市畑町）の摩耶山仏日寺に進み、次いで元禄五年（一六九二）正月二十一日、黄檗山に進んで第五代住持となった。元禄七年十一月二十三日、朝廷より紫衣を授かり、翌年十月十六日、六十三歳で住山中に寂している。嗣法の門人に、誠岩道明・月峰道喜・千山道梁・雪江道熹・雪村道香・琛洲道祐・大随道亀・日光道杲・了翁道覚・徹通道長・泰丘道賢・大潜道竜らがおった。

二　派　下

江戸時代における黄檗派の僧侶は、以上みてきた木庵性瑫以下独本性源にいたる十人の法嗣および法孫高泉性潡の法系のいずれかに属していた。木庵性瑫の法系は紫雲派、即非如一の法系は広寿派、慧林性機の法系は竜興派、独湛性瑩の法系は獅子林派、大眉性善の法系は東林派、南源性派の法系は華蔵派または天徳派、独吼性獅の法系は漢松派、竜溪性潜の法系は万松派、独照性円の法系は直指派または翔鳳派、独本性源の法系は海福派、高泉性潡の法系は仏国派と称されていたのである。なお、以上十一派のうち、紫雲派はさらに万寿下・長松下・聖林下・緑樹下・慈福下・別峰下・大潜下・法林下・紫雲下・吸江下・慈照下・宝蔵下に分かれ、広寿派は法恵下・瑞光下、獅子林派は獅子林下・華厳下・寿泉下・真光下・鳳陽下・竜華下・崇寿下、漢松派は漢松下・宝善下、仏国派は法苑下・天真下・自得下にそれぞれ分かれていた。これを派下祖別に示すと後表のとおりになる。ちなみに、㈠仏国派のうち、天真下・自得下を除いたものは法苑下に属し、了翁道覚の法嗣のうち仁峰元善の法系は天真下、仁峰元善以外の法嗣の法系は自得下に属する。㈡紫雲派のうち、長松下～宝蔵下以外のものは、万寿下に属する。㈢広寿派のうち、桂岩明幢（即非の法嗣）の法系も瑞光下に属する。㈣獅子林派のうち、華厳下・寿泉下・真光下・崇寿下・鳳陽下・竜華下以外のものは、獅子林下に属する。㈤漢松派のうち、宝善下以外のものは漢松下に属する（『宗鑑録派分』）。

黄檗派の僧侶は、嗣法後適当な時期に黄檗山に登って顕法式を挙げ、それがすむと『黄檗宗鑑録』に名前を記載されることになっていた。嗣法者の中には顕法式を挙げず、従って『黄檗宗鑑録』に記載されない者もおったが、それはむしろ例外に属していたのである。『黄檗宗鑑録』には派下の区別なく、また嗣法年月日に関係なく、顕法式を挙げた順に嗣法者の名前が記載されている。これとは別に、登山顕法した嗣法者を派下別に記載したものに、『宗鑑録派分』（原本、黄檗山所蔵）がある。

隠元
- 慧門如沛
  - 高泉性潡（仏国派の祖）
    - 了翁道覚（天真下・自得下の祖）
- 木庵性瑫(せいとう)（紫雲派の祖）
  - 鉄牛道機（長松下の祖）
  - 慧極(えごく)道明（聖林下の祖）
  - 潮音道海（緑樹下の祖）
  - 悦山道宗（慈福下の祖）
  - 鉄文道智（別峰下の祖）
  - 慈岳定琛(じょうじん)（大潜下の祖）
  - 喝禅道和（法林下の祖）
  - 鉄心道胖(どうはん)（紫雲下の祖）
  - 梅谷道用（吸江下の祖）
  - 碧峰道什(どうじゅう)（慈照下の祖）
  - 宝洲道聰(ほうじゅうどうそう)（宝蔵下の祖）

即非如一（広寿派の祖）
- 法雲明洞（法恵下の祖）
- 千呆性侒（瑞光下の祖）

慧林性機（竜興派の祖）

竜渓性潜（万松派の祖）

独湛性瑩（獅子林派の祖）
- 海岸道崇（華厳下の祖）
- 天岩道超（寿泉下の祖）
- 悦峰道章（真光下の祖）——旭如蓮昉（崇寿下の祖）
- 紫玉道晶（鳳陽下の祖）
- 天麟道仁（竜華下の祖）

大眉性善（東林派の祖）

独照性円（真指派の祖）

南源性派（華蔵派の祖）

独吼性獅（漢松派の祖）——独振性英（宝善下の祖）

独本性源（海福派の祖）

派下別嗣法者数

『宗鑑録派分』によって、江戸時代慶応三年(一八六七)までの登山顕法者の人数をしらべてみると、次のようになる。

仏国派　九〇人(内訳——法苑下三四人・天真下三六人・自得下二〇人)

紫雲派　二五四七人(内訳——万寿下四三八人・長松下三二七人・聖林下五八六人・緑樹下四五〇人・慈福下一八三人・別峰下一一五人・大潜下八九人・法林下四四人・紫雲下七四人・吸江下三三人・慈照下一二人・宝蔵下一九六人)

広寿派　七九六人(内訳——法恵下一五四人・瑞光下六四二人)

竜興派　一一七人

万松派　七九人

獅子林派　四一七人(内訳——獅子林下二七一人・華厳下六人・寿泉下一七人・真光下一〇二人・崇寿下五人・鳳陽下三人・竜華下一三人)

東林派　二五八人

直指派　四八人

華蔵派　一六九人
漢松派　七一人（内訳――漢松下六六人・宝善下五人）
海福派　五六人
計　四六四八人

以上によって明らかなように、派別にみると、木庵性瑫の法系の紫雲派が他を圧倒して全体の五五パーセントを占め、即非如一の法系の広寿派がこれに次いで約一七パーセント、以下獅子林派・東林派・華蔵派・竜興派・仏国派・万松派・漢松派・海福派・直指派の順になっている。これは黄檗派の寺院についても同様にいえることであって、延享二年（一七四五）の『済家黄檗山萬福禅寺派下寺院牒』によると、当時黄檗派の寺院は本山塔頭を除き一〇一〇ヵ寺あったが、これを派別にみると、紫雲派の寺院が五一五ヵ寺で圧倒的に多く、広寿派の寺院が一七二ヵ寺でこれに次ぎ、以下獅子林派（九五ヵ寺）・東林派（七八ヵ寺）・華蔵派（五五ヵ寺）・竜興派（四五ヵ寺）・仏国派（二三ヵ寺）・万松派（二〇ヵ寺）・漢松派（七ヵ寺）の寺院の順になっており、派別にみた嗣法者（登山顕法者）数と同じ順位になっている。木庵・即非は隠元門下の二甘露門と称されたが、その法系に属する嗣法者数・派別寺院数のうえにもそれが現われている。

黄檗山塔頭とその所管

以上あげた派下の名称は、広寿派・直指派（翔鳳派）・海福派・仏国派及び華蔵派の別名天徳派を除き、他はいずれも黄檗山の塔頭の名を冠している。江戸時代における黄檗山の塔頭には、隠元の在世中に松隠堂・東林庵（のち東林院）・華蔵院・漢松院・法苑院・瑞光院・景福院（享保三年十二月以後崇寿院と改称）・慈福院・華厳院・法林院・宝善庵・万松院・宝蔵院の十三塔頭があり、そののち紫雲院・万寿院・天真院・自得院・獅子林・幻梅院・大潜庵・寿光院・緑樹院・別峰院・長松院・寿泉院・聖林院・竜興院・法恵院・吸江庵・慈照院・白雲庵が建てられ、元禄年間には三十一塔頭になった（『普照国師隠元和尚伝』）。次いで宝永三年（一七〇六）に竜華院、同五年に鳳陽院が加わって三十三塔頭となり（宝永八年に幻梅院は真光院と改称され悦峰道章の隠居所になる）「増寺院際限これ無き儀に候間、此れ以後御願い申上げ間敷」旨、京都奉行所から申し渡され（『公庁訴応須知別記』）、幕末まで三十三塔頭で通していた。しかして黄檗派の僧侶は、以上三十三塔頭のうち、松隠堂・白雲庵を除いた三十一塔頭のそれぞれ所管に属していたのである（海福派は華蔵院、直指派は竜興院の所管に属す）。

以上隠元の法系について眺めてきたが、黄檗派の僧侶たちは、その属する派下の如何にかかわらず、ひとしく隠元を宗祖と仰ぎ、黄檗山の塔頭、すべての黄檗派寺院には、歴代の位牌とともに必ず大光普照国師（隠元）の位牌を安置し、礼拝供養することを怠らなかったのである。

黄檗山歴代略系譜（＊印は唐僧、数字は歴代数を示す）

＊密雲円悟―＊費隠通容―＊①隠元隆琦

隠元隆琦―＊慧門如沛―＊⑤高泉性潡―了翁道覚―仁峰元善―（六代略）―松洞仁翠―㊱金獅広威

慧門如沛―鉄牛道機―超宗如格―（五代略）―梅芳正香―㊿徳寧正悌

慧門如沛―慧極道明―泰宗元雄―（四代略）―大心通光―㊻大雄弘法

慧極道明―⑭竜統元棟

慧門如沛―潮音道海―碧湖元達―（二代略）―天外如空―㉘梅嶽真白

慧門如沛―越伝道付―無関元晃―（三代略）―実聞真聡―㊳道永通昌

慧門如沛―＊⑦悦山道宗―乙縦元津―（二代略）―金成如鉄―㉚独旨真明

悦山道宗―千峰元向―得雲浄竜―素明衍聡―㊴霖竜如沢

慧門如沛―鉄文道智―悦堂元逸―（二代略）―富峰如巓―㉟独唱真機

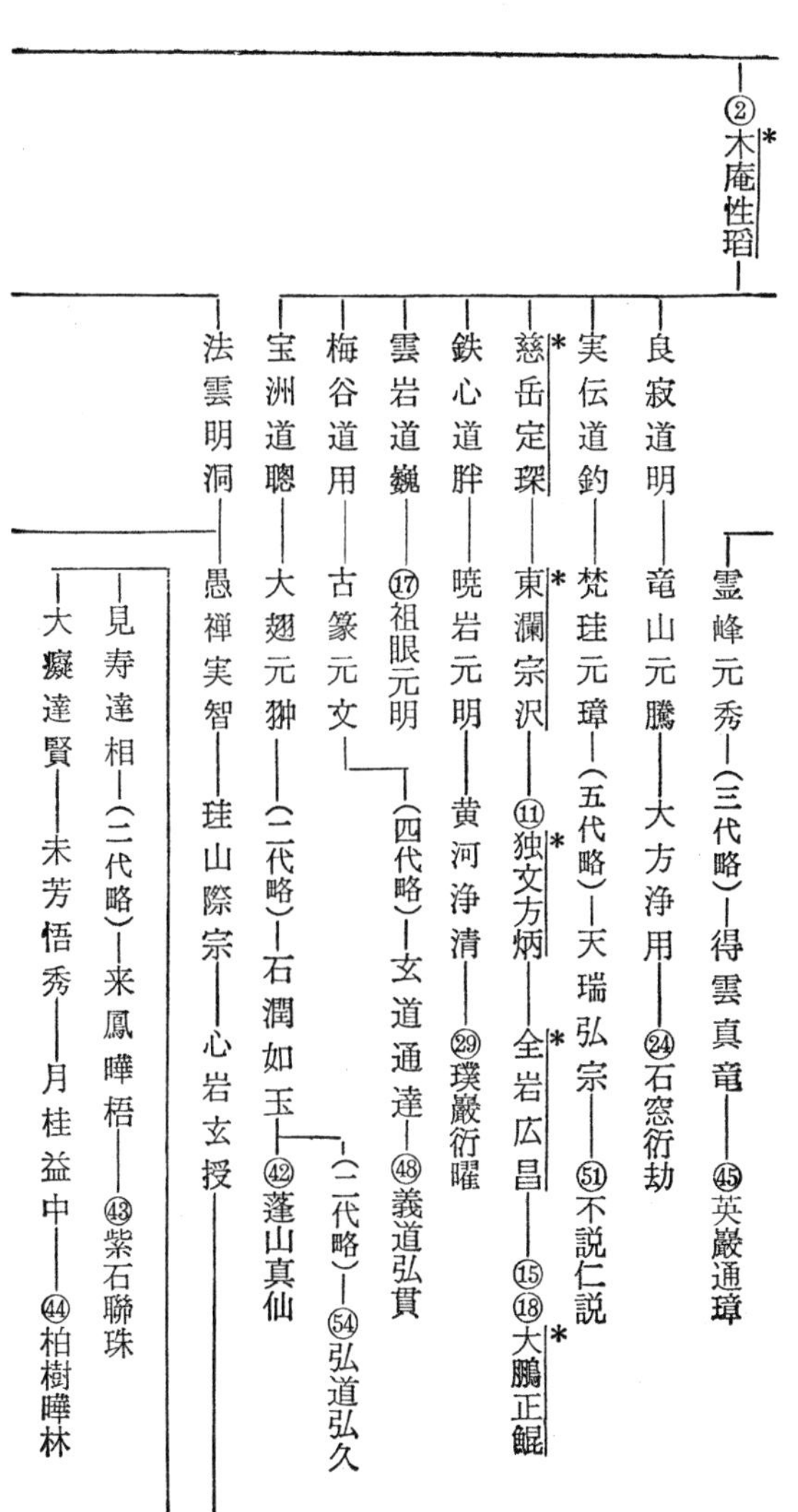
②木庵性瑫*
霊峰元秀―(三代略)―得雲真竜―㊺英巌通璋
良寂道明―竜山元騰―大方浄用―㉔石窓衍劫
実伝道鈞―梵珪元璋―(五代略)―天瑞弘宗―㉛不説仁説
慈岳定琛*―東瀾宗沢*―⑪独文方炳*―全岩広昌*―⑮⑱大鵬正鯤*
鉄心道胖―暁岩元明―黄河浄清―㉙璞巌衍曜
雲岩道巍―⑰祖眼元明
梅谷道用―古篆元文―(四代略)―玄道通達―㊽義道弘貫
宝洲道聰―大翙元猦―(二代略)―石潤如玉―㊷蓬山真仙
(二代略)―㊹弘道弘久
法雲明洞―愚禅実智―珪山際宗―心岩玄授
見寿達相―(二代略)―来鳳暐梧―㊸紫石聯珠
大癡達賢―未芳悟秀―月桂益中―㊹柏樹暐林

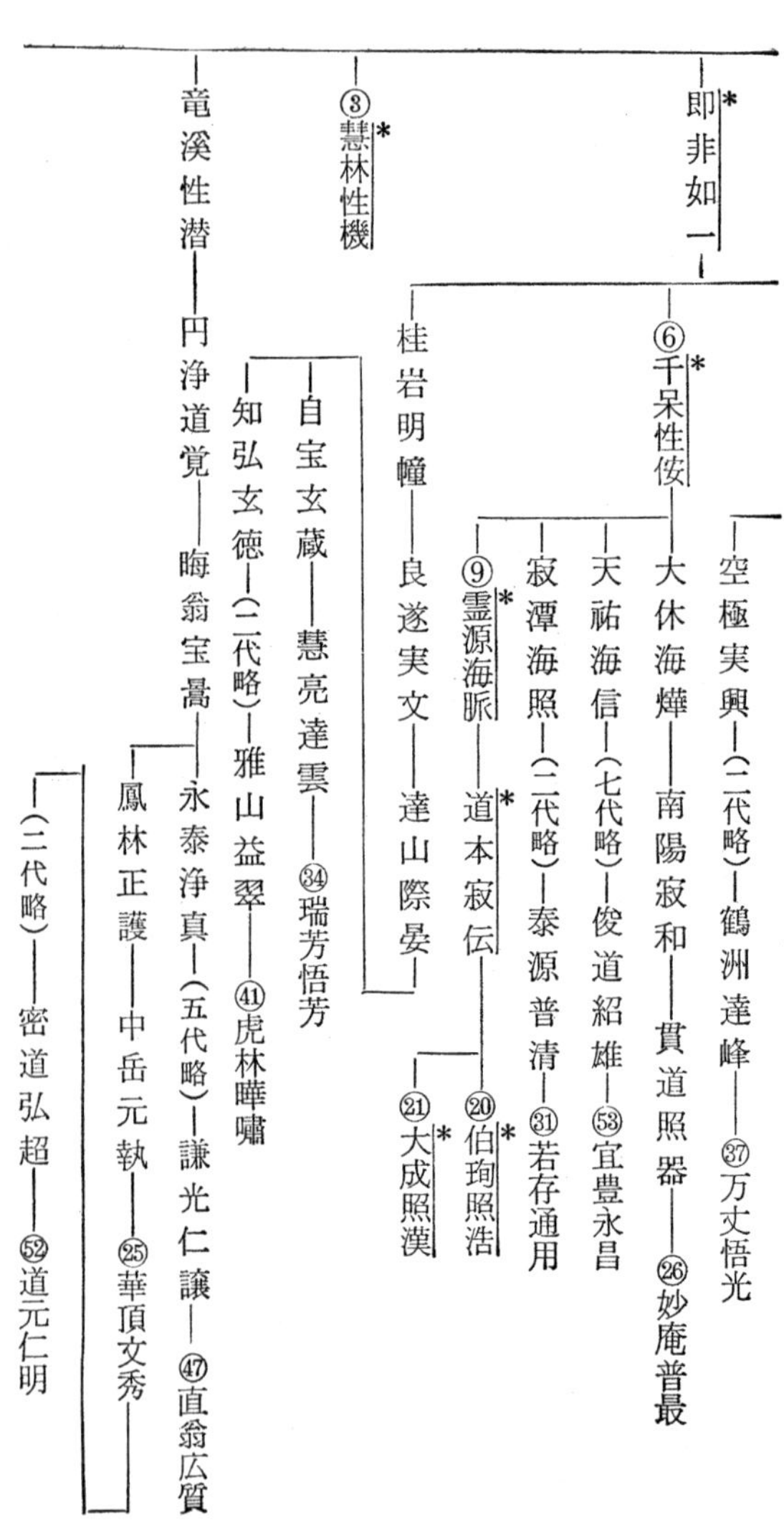
即非如一*
⑥千呆性侒*
空極実興—(二代略)—鶴洲達峰—㊲万丈悟光
大休海燁—南陽寂和—貫道照器—㉖妙庵普最
天祐海信—(七代略)—俊道紹雄—㊿宜豊永昌
寂潭海照—(二代略)—泰源普清—㉛若存通用
⑨霊源海脈*—道本寂伝*—⑳伯珣照浩*
㉑大成照漢*
桂岩明幢—良遂実文—達山際晏
自宝玄蔵—慧亮達雲—㉞瑞芳悟芳
知弘玄徳—(二代略)—雅山益翠—㊶虎林曄嘯
③慧林性機*
竜溪性潜—円浄道覚—晦翁宝暠
永泰浄真—(五代略)—謙光仁譲—㊼直翁広質
鳳林正護—中岳元執—㉕華頂文秀
(二代略)—密道弘超—52道元仁明

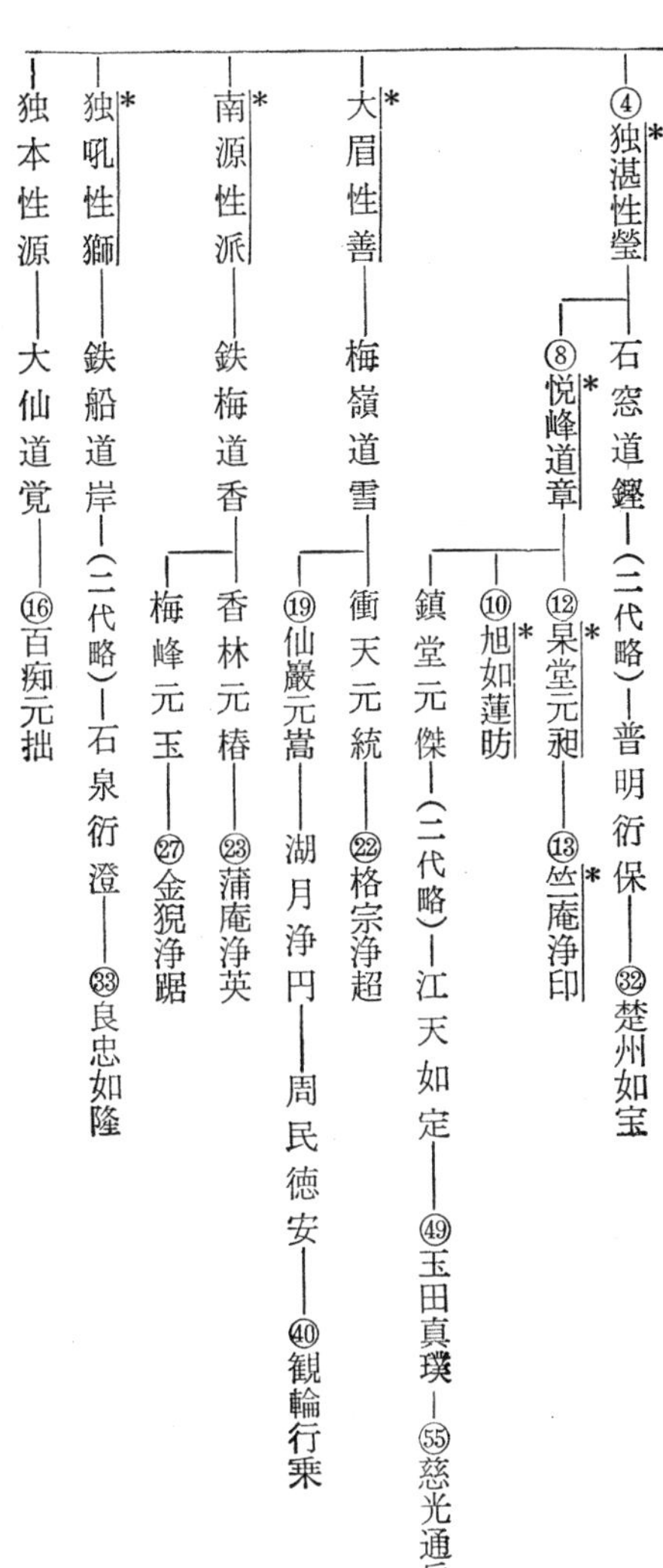
④独湛性瑩*
石窓道鏗
(二代略)
普明衍保
㉜楚州如宝
⑧悦峰道章*
⑫杲堂元昶*
⑬竺庵浄印*
⑩旭如蓮昉*
鎮堂元傑
(二代略)
江天如定
㊾玉田真璞
㊺慈光通岳
大眉性善*
梅嶺道雪
衝天元統
㉒格宗浄超
⑲仙巖元嵩
湖月浄円
周民徳安
㊵観輪行乗
南源性派*
鉄梅道香
香林元椿
㉓蒲庵浄英
梅峰元玉
㉗金猊浄琚
独吼性獅*
鉄船道岸
(二代略)
石泉衍澄
㉝良忠如隆
独本性源
大仙道覚
⑯百痴元拙

略年譜

（年次欄には、一五九二〜一六四四年は明朝と日本の年号、一六四五年以後は清朝と日本の年号を併出した）

年次（明）	年次（日本）	西暦	年齢	事歴	参考事項
万暦二〇	文禄一	一五九二	一	一一月四日、福建省福州府福清県万安郷霊得里東林に生る	（文禄の役起る）
二五	慶長二	一五九七	六	父徳竜、湖南・湖北方面におもむき、以後消息を絶つ	
二八	五	一六〇〇	九	初めて学に就く	（九月、関ケ原の戦）
二九	六	一六〇一	一〇	冬、学を廃し耕樵の業を習う	中天正円、北京におもむき大蔵経の下賜を奏請す
三五	一二	一六〇七	一六	仏を慕う念を起す	
三七	一四	一六〇九	一八	径江の念仏会に加わる	（平戸にオランダ商館建つ）
三八	一五	一六一〇	一九		中天正円、北京の長栄茶庵に寂す
三九	一六	一六一一	二〇	母・長兄より妻帯を勧められて断る	
四〇	一七	一六一二	二一	父を捜す旅にのぼる	
四一	一八	一六一三	二二	方先生の伴をして紹興府各県の名勝を	（一二月、全国にキリスト教禁止令が

				尋ねる	発せらる）
四二	一九	一六一四	二三	普陀山におもむき潮音洞主に投じて茶頭となる	（一一月、大坂冬の陣）〇神宗古黄檗に大蔵経を下賜す
四三	元和 一	一六一五	二四	三月、旅より帰郷す	（五月、豊臣氏滅亡〇七月、武家諸法度・禁中并公家諸法度制定）〇鑑源興寿ら古黄檗の大殿・法堂を建つ〇雲棲袾宏寂す、八一歳
四四	二	一六一六	二五	普陀山におもむき出家しようとし、母にとめられて思いとどまる	（正月、ヌルハチ後金国を建つ〇四月、家康死す〇八月、外国船の寄港を平戸・長崎に制限す）
四五	三	一六一七	二六	普陀山におもむく途中、路費を掠め取られやむなく故郷にもどる	（四月、日光東照宮創建）
四六	四	一六一八	二七		一月二五日、鏡源興慈寂す〇無明慧経寂す
四七	五	一六一九	二八	母死す〇鑑源興寿に印林寺に会い、古黄檗で出家することを勧められる	（三月、サルホ山付近の戦いで明軍大敗す）
泰昌 一	六	一六二〇	二九	二月一九日、古黄檗において出家す〇化主となり福清・莆田両県に募化す	僧真円が渡来し、長崎の興福寺が創建される

天啓 一	元和 七	一六二一	三〇	募化を志して北行す。紹興府会稽県の雲門山顕聖寺で涅槃経の講説を聴く○六月、時仁と杭州で会い募化を断念し偏参の旅にのぼる	(三月、ヌルハチ、瀋陽・遼陽を占領す)
二	八	一六二二	三一	浙江省嘉興府嘉興県の興善寺で法華経の講説を聴き、檀越のために金光明経を誦す	(二月、ヌルハチ、都を遼陽に遷す)○費隠通容、吼山護生庵に密雲円悟に参見す○一二月、密雲円悟、浙江省台州府天台県の天台山通玄寺に移る
三	九	一六二三	三二	海塩県鷹窩頂の雲岫庵で法華経、同県の峡石山碧雲寺で楞厳経の講説を聴く	(七月、家光将軍となる)○北禅寺住持三峰法蔵、『弘戒法儀』を撰す○憨山徳清寂す、七八歳
四	寛永 一	一六二四	三三	春、海塩県の張王廟に宿る○海塩県の秦駐山積善庵で夏を過ごす○海塩県の金粟山広慧寺に密雲円悟に参見す	五月六日、密雲円悟、金粟山広慧寺に進む
五	二	一六二五	三四	金粟山の禅堂にあって精進す	(三月、ヌルハチ、都を瀋陽に遷す)
六	三	一六二六	三五	金粟山にあって法の源底に徹す	一月一〇日、鑑源興寿寂す(○八月、ヌルハチ死す、六八歳)○一二月、湛然円澄寂す、六八歳

七	四	一六二七	三六	金粟山の頌古社で二十七則を点出され大衆に名を知られる	費隠通容、鼓山に別峰庵を構えて住す
崇禎 一	五	一六二八	三七	金粟山に戒会が開かれ証戒阿闍梨になる	僧覚悔・了然・覚意が渡来し、長崎に福済寺が創建される
二	六	一六二九	三八	春、金粟山を辞す○嘉興府嘉善県の狄秋庵で夏を過ごし念仏放生会を行う○密雲円悟の招書に接し金粟山にもどる	僧超然が渡来し、長崎に崇福寺が創建される
三	七	一六三〇	三九	三月一八日、密雲円悟に随従して古黄檗に帰山す。募化のため南行し、七月潮州の草庵に寓す。化縁成らず空しく帰山す	三月二七日、密雲円悟、古黄檗に進む○七月一五日、費隠通容、密雲円悟に嗣法す○八月一日、密雲円悟、古黄檗を退く○費隠通容、建寧府浦城県の馬峰院に住す
四	八	一六三一	四〇	獅子巖に住す	二月三日、密雲円悟、寧波府鄞県の鄮山阿育王広利寺に進む。次いで四月三日、鄞県の天童山景徳寺に進む（○新地寺院建立禁止令下る○一一月、後金の太宗、チャハル部を征す）
五	九	一六三二	四一	獅子巖に在住す	僧黙子如定渡来す

崇禎	寛永	西暦	年齢	事項	参考事項
六	一〇	一六三三	四二	冬、古黄檗の西堂となる○次いで費隠通容に嗣法す(翌年一月嗣法ともいう)	(二月、海外渡航および海外よりの帰国を制限す)○一〇月五日、費隠通容、古黄檗に進む
七	一一	一六三四	四三	二月、古黄檗より獅子巖にもどる○秋、獅子巖に遼天居を構え、冬同所に移る	永覚元賢、鼓山湧泉寺に住す
八	一二	一六三五	四四	獅子巖に在住す	(五月、海外渡航および海外在留邦人の帰国を厳禁す○六月、参勤交代制度を定む)○冬、亘信行弥、費隠通容に嗣法す
九	一三	一六三六	四五	獅子巖に在住す	春、費隠通容、古黄檗を退き、七月二五日、建寧府建安県の蓮峰院に進む(四月、後金の太宗、国号を清と改む)
一〇	一四	一六三七	四六	一〇月一日、古黄檗に進む○費隠通容より源流・法衣を授かる	八月一五日、費隠通容、温州府永嘉県の法通寺に進む(○一〇月、島原の乱起る)
一一	一五	一六三八	四七	春、千日を期し大蔵経を開閲す○中天正円の塔を修造し、梅福庵を建つ	(二月、島原の乱平らぐ)○七月二九日、費隠通容、金粟山広慧寺に進む
一二	一六	一六三九	四八	春、古黄檗の重興をはかり、諸化主を	(七月、ポルトガル船の来航を禁ず)○

一三	一七	一六四〇	四九	送り出す	僧普定・水月渡来す 古黄檗の大雄宝殿・斎堂成る
一四	一八	一六四一	五〇	一月一五日、閲蔵円満上堂を行う○春、泉州府南安県の羅山棲隠寺に法弟亘信行弥を尋ね、羅山十四景を題す	(五月、平戸のオランダ商館を出島に移す)○九月、密雲円悟、天童山景徳寺を退く
一五	一九	一六四二	五一	『黄檗隠元禅師語録』二巻を上梓す	七月七日、密雲円悟、天台山通玄寺に寂す、七七歳
一六	二〇	一六四三	五二	一月、無得海寧に付法す○古黄檗の重興を終わる	(三月、田畠永代売買禁止令下る○八月、清の太宗死し、世祖位に即く)
一七	正保 一	一六四四	五三	三月、古黄檗を退き、金粟山におもむいて費隠通容を省覲す○五月、天童山景徳寺に密雲円悟の塔を掃う○一〇月一七日、嘉興府崇徳県の福厳寺に進む	(三月、明の毅宗自殺す○一〇月一日、清北京を都とす)○逸然性融渡来す
(清)順治 二	二	一六四五	五四	三月二二日、福州府長楽県の竜泉寺に進む○八月、連江県の諸寺に遊ぶ○玄生海珠・西岩明光に付法す	(四月、揚州城陥る)○冬、慧門如沛・西岩明光、古黄檗の西堂になる
三	三	一六四六	五五	一月、慧門如沛に付法す次いで二五日、古黄檗に再住す○夏、也嬾性圭に	(八月、唐王殺さる)○一〇月一一日、費隠通容、天童山景徳寺に進む(○一一

				付法す	月、桂王、広東省の肇慶に擁立される)
順治 四	正保 四	一六四七	五六	春、良治性楽に付法す〇六月より二カ月余、東嶽において水陸普度を行う〇黄道周の殉節を悼む詩を作る(『普照国師年譜』)	〇僧百拙如理・浄達・覚聞渡来す(二月、鎮東衛・海口鎮陥る)
五	慶安 一	一六四八	五七	古黄檗の大衆を率い柴を市に売って日用に供す	冬、中柱行砥、古黄檗の西堂になる
六	二	一六四九	五八	春、中柱行砥に付法す	七月、也懶性圭、福州府羅源県の鳳山報国寺に進む〇一〇月二七日、費隠通容松江府華亭県の超果寺に進む〇蘊謙戒琬渡来す
七	三	一六五〇	五九	春、翠竹庵を構える〇木庵性瑫に付法す〇秋、虚白性願に付法す	四月二二日、費隠通容嘉興府崇徳県の福厳寺に進む。次いで一〇月二七日、杭州府餘杭県徑山興聖萬寿寺に進む〇道者超元渡来す
八	四	一六五一	六〇	一月、即非如一に付法す〇春、水月庵・獅子庵を構える〇八月、九鯉湖に遊ぶ	六月、也懶性圭溺没す(〇七月、慶安の変起る〇八月、家綱将軍になる)〇竜

				○冬、古黄檗の僧衆千人、慧門如沛・木庵性瑫を首座、虚白性願・即非如一を西堂とす	渓宗潜、妙心寺に住す
九	承応 一	一六五二	六一	春、心盤真橋に付法す○絳節庵を構える○夏、費隠通容の六十の誕辰を大眉性善に代祝させる○一二月八日、古黄檗に戒会を開き宣疏に涕泣す	四月、逸然性融の第一請啓と諸檀越の請啓、八月に逸然性融の第二請啓が古黄檗に送られる
一〇	二	一六五三	六二	独往性幽に『獅子巖志』を編修させる○一二月一日、東渡の復書を発す	三月、逸然性融の第三請啓が送られる○玄生海珠寂す、四九歳○一一月、逸然性融の第四請啓が送られる○独立性易渡来す
一一	三	一六五四	六三	一月、古黄檗の大衆東渡を哭留し、三年帰山を約す○二月、三非性徹に付法す○五月一〇日、古黄檗に辞衆上堂す○六月二一日、アモイを出航し、七月五日長崎に着岸翌六日興福寺に進み、即日祝国開堂す○一〇月一五日、興福寺に結制す○広超弘宣・良冶性楽に払	一二月一日、木庵性瑫、泉州府永春県の象山慧明寺に進む○竜渓宗潜妙心寺に再住す○『黄檗隠元禅師年譜』(逸然版)が開刻される

				子を送り付法す	
順治一二	明暦一	一六五五	六四	一月、僧古石をつかわし費隠通容に書信を通ず○二月、興福寺山門を建つ○五月二三日、崇福寺に進む○七月七日、竺印祖門、興福寺に至り普門寺に請ず○八月九日、興福寺を発し、九月六日普門寺に入る○一〇月一二日、板倉重宗来訪し来由を問う○一一月四日、普門寺に開堂演法す	二月、費隠通容、蘇州府常熟県の虞山維摩院に進む○五月、幕府隠元の普門寺招請を許可す○七月、木庵性瑫・慈岳定琛渡来す○『黄檗和尚全録』一八巻が開刻される
一三	二	一六五六	六五	四月、無上性尊、古黄檗・諸宰官の催帰の書信をもたらして長崎に至る○七月、払子を常熈興燄に送り付法す○一〇月、初めて京都に遊び妙心寺・南禅寺・東福寺を訪う	四月四日、費隠通容、淮安府塩城県の永寧院に進む○七月、幕府普門寺に覚書を下し、隠元の遊行等につき指示す
一四	三	一六五七	六六	四月、竜渓をして幕府に帰国の意を告げさせる○七月、若一炤元、費隠通容の催書をもたらして長崎に至る	二月、即非如一渡来し、崇福寺に進む○四月、費隠通容福厳寺に再住す○六月、悦山道宗渡来す○七月、普門寺に毎月扶持米一五石が支給される○一〇

一五	万治 一	一六五八	六七	六月、費隱通容・慧門如沛の催書来る○九月六日、普門寺を発ち一八日江戸の天沢寺に入る○一一月一日、登城して将軍家綱に謁す○一一月二八日、江戸を発ち一二月一四日普門寺に帰着す	月、鼓山の永覚元賢寂す、八〇歳○『黄檗和尚扶桑語録』が開刻される 道者超元帰唐す
一六	二	一六五九	六八	春、独照性円に請ぜられ嵯峨の直指庵に遊ぶ○五月、酒井忠勝書信を寄せ日本滞留を勧む○六月一八日、忠勝に返書をしたため日本に留まることに決す○九月、秋野信士に請ぜられ天王寺に遊ぶ	(二月、桂王ビルマに走る)○八月、雲居希膺寂す、七八歳○無得海寧寂す、五四歳
一七	三	一六六〇	六九	一一月、木庵性瑫、普門寺に省覲す○一二月一八日、大和田に新建される寺を黄檗山萬福寺とす	九月、常凞興燄寂す、七九歳
一八	寛文 一	一六六一	七〇	一月、慧林性機を江戸につかわし寺地を賜うことを謝す○二月仏日寺におい	三月二九日、費隱通容寂す、六九歳○六月、高泉性潡・暁堂道收・柏巖性節・

康熙 一	寛文 二	一六六二	七一	て七日間結制す○閏八月二九日、黄檗山に進む○一一月四日、七〇の誕辰を迎え合山両序慶祝す 九月、成就院主に請ぜられ清水寺に遊ぶ○仏工范道生に黄檗山の諸仏像を彫造させる	渡来す○黄檗山の総門・西方丈建つ○九月、良照性杲寂す、六〇余歳○一〇月、愚堂東寔寂す、八五歳 八月、丹羽光重、狩野探幽筆十八羅漢を黄檗山に納む○秋、大眉性善東林庵に退隠す○黄檗山に法堂建つ
二	三	一六六三	七二	一月一五日、黄檗山において祝国開堂す○五月、石山寺に遊び琵琶湖に放生す○同月二五日、竜溪を介して後水尾法皇より禅要を問わる○八月二四日、即非如一登檗、命じて竹林精舎におらせる	黄檗山の禅堂・東方丈・竹林精舎成る○冬安居黄檗山の僧衆五百人に近く、木庵性瑫・即非如一首座となる
三	四	一六六四	七三	一月、竜溪性潜に付法す○五月、独湛性瑩に付法す○九月四日、松隠堂に退隠す	六月、良冶性楽寂す、六八歳○一〇月、慧門如沛寂す、五〇歳○虚白性願、古黄檗に住す○黄檗山の放生池・開山寿塔成る○了翁道覚、売薬錦袋園を創製す○『黄檗和尚太和集』(木庵編)が開刻される

四	五	一六六五	七四	五月、法光院独妙に請ぜられ檀越のために拈香す〇桂宮院に遊び嵯峨の直指庵に宿る〇八月一五日、大眉性善に付法す〇九月、仏日寺に遊ぶ〇一〇月、後水尾法皇より御香・金を下賜され、偈を述べて進謝す	三月一五日、独湛性瑩、初山宝林寺に進み、即非如一、広寿山福聚寺に進む〇五月八日、高泉性潡、奥州二本松の甘露山法雲寺に進む〇七月一一日、黄檗山に家綱の朱印状下る〇了翁道覚、江戸池の端に薬舗を開く
五	六	一六六六	七五	六月二九日、後水尾法皇より仏舎利を下賜され、偈を述べて進謝す	〇妙心寺壁書を補正す（〇七月、徳川光圀、新地の寺院を毀つ〇九月、保科正之、会津藩内の新地の寺院を毀つ）〇一一月、後水尾法皇、龍渓に心経の要義を問う〇黄檗山の甘露堂成る
六	七	一六六七	七六	春、香林信士に請ぜられ奈良に遊ぶ	五月二五日、将軍家綱白金二万両と西域本を下賜し、黄檗山伽藍の興建に充つ〇六月、黄檗山の舎利殿成る〇『雲濤二集』『松隠二集』が開刻される〇光紹智堂、『永平大清規』を版行す
七	八	一六六八	七七	一二月八日、大雄宝殿の額を書す	七月、即非如一、広寿山福衆寺を退く〇黄檗山の大雄宝殿・斎堂・天王殿・

康熙	寛文	西暦	年齢	事項	関連事項
八	九	一六六九	七八	五月、島津光久・立花忠茂・大村純長来訪す、各々偈を示す○一〇月一日、後水尾法皇より仏舎利の讃を賜わる、偈を作って進謝す	鐘楼建つ○南源性派塔頭華蔵院、高泉性潡塔頭法苑院を建つ○『禅余詞』成る 四月、高泉性潡法苑院に進む○九月二〇日、後水尾法皇、竜渓性潜に大宗正統禅師の号を賜う○黄檗山の伽藍堂・祖師堂・塔頭法林院建つ
九	一〇	一六七〇	七九	父母の木主を松隠堂に建つ○宝善庵の額を書す	二月八日、黄檗山戒会を開く○四月二七日、木庵性瑫紫衣を授かる○八月二三日、竜渓性潜寂す、六九歳
一〇	一一	一六七一	八〇	一月一五日、喜多元規筆の自像に題す○同月一九日、独照性円に付法す○一一月四日、八〇の誕辰、門人および四方の碩徳詩文をもって慶祝す○一二月八日、「豫囑語」を作る	五月九日、木庵性瑫、江戸白金の紫雲山瑞聖寺に進む○同月二〇日、即非如一寂す、五六歳○一〇月、木庵性瑫黄檗山に帰山す○独吼性獅、塔頭漢松院を建つ
一一	一二	一六七二	八一	春、天圭に請ぜられて東山の泉涌寺に遊ぶ	閏六月一九日、慧極道明、河内の長安寺（のちの法雲寺）に進む
一二	一三	一六七三	八二	元旦、独本性源に付法す○二月三日、後水尾法皇より錦織の観音像を下賜さ	（分地制限令下る）

年号	西暦		事項
			れる○四月一日、将軍家綱に謝恩偈を書す○同月二日、後水尾法皇より大光普照国師の号を授かる○同月三日、寂す
延宝三	一六七五		四月三日、龕を開山塔に納む
享保七	一七二二		五〇回忌に霊元上皇より仏慈広鑑国師の号を授かる
明和九	一七七二		一〇〇回忌に後桃園天皇より径山首出国師の号を授かる
文政五	一八二二		一五〇回忌に仁孝天皇より覚性円明国師の号を授かる
大正六	一九一七		大正天皇より真空大師の号を授かる

主要参考文献

(一) 論考

鷲尾順敬「隠元禅師渡来の始末」　東洋哲学・六巻三号(明治三二)

内田銀蔵「隠　元　禅　師」　禅宗・六四号　(大正六)

吉永繫驢橛「隠元禅師年譜中の一疑点」　〃　〃　〃

山田玉田「隠元禅師の宰官接化」　〃　〃　〃

竜岡英巖「隠元禅師の人格と禅風」　〃　〃　〃

倉光活文「後水尾法皇と隠元禅師」　〃　〃　〃

高橋竹迷「伝道史上の偉人」　〃　〃　〃

倉光活文「晩年の隠元禅師」　〃　三一五号　(大正一〇)

鷲尾順敬「隠元禅師の事蹟と支那仏教の改革」　禅・第一七九号　(大正一一)

〔『日本禅宗史の研究』(昭和二〇・教典出版)所収〕

玉川宝山「隠元禅師の宗風」大道叢誌・三四七号（大正六）
高橋竹迷「隠元禅師発心の動機」禅学雑誌・二一巻二号（大正六）
高橋竹迷「隠元禅師の新年観」書画骨董雑誌・一二七号（大正八）
隆琦大雄「黄檗隠元禅師の禅風」大乗禅・一巻一号（大正一三）
鷲尾順敬「黄檗派の開立と竜渓」史学雑誌・三三編一〇号、一二号、三四編二号（大正一一－一二）
〔『日本仏教文化史』（昭和一三・冨山房）・『日本禅宗史の研究』（昭和二〇・教典出版）所収〕
吉永雪堂「黄檗僧の渡来に就て」三浦実道編・光風蓋宇（大正一三）
梁容若「隠元禅師与日本文化」大陸雑誌・八巻一二期（中華民国四三）
荻須純道「隠元禅師と黄檗山」禅文化・一八号（昭和三五）
西村南岳「黄檗高僧の墨蹟を探究して」墨美・一〇五号（昭和三六）

(二) 単行本

高橋竹迷『隠元　木庵　即非』丙午出版社（大正五）

川上孤山『妙心寺史』　妙心寺派教務本所（大正六）
赤松晋明『黄檗宗綱要』仏教大学講座　仏教年鑑社（昭和九）
山本悦心『黄檗東渡僧宝伝』　黄檗堂（昭和一五）
辻善之助『日本仏教史 近世篇之三』　岩波書店（昭和二九）

(三) 木版本（史料）

『黄檗隠元禅師語録』二巻一冊（明版、内閣文庫蔵）「巻上・侍者約溥録、巻下・侍者海珠録」
『隠元禅師又録』二巻一冊「門人性圭録」辛卯陽月（順治八年十月）陳遂捷序　承応四年乙未正月摂州大坂心月性印刊
『隠元禅師語録』十六巻四冊（明版、続大蔵経所収）嗣法門人海寧・海珠・明光・如沛・性楽・性圭・行砥・行瑫・性願・如一・真橋・広徹等編　順治十年癸巳弟子性宗摹刻
『黄檗和尚全録』（内題『隠元禅師語録』）十八巻六冊　明暦元年乙未弟子性崇重刻　○巻第一～巻第十六に明版の『隠元禅師語録』（一六巻）を収め（省略の箇所あり）、巻

第十七・十八に続録を収む

『隠元禅師語録』(内題『住肥前長崎興福禅寺語録』)二巻一冊　「門人性聞記録」　明暦元年臘八日隠元自序

『隠元禅師普門寺語録』一冊　「侍者性善・性一記録」　明暦元年臘八日隠元自序

『黄檗和尚扶桑語録』(内題『隠元禅師語録』)十八巻五冊　嗣法門人性瑫・如一・性幾・性善・性尊編　丙申陽月(明暦二年十月)海虞同門末弟髻珠頭陀厳栻序　明暦三年摂州大坂武井宗左衛門法名性洪捐資敬刻　○本語録を増補し、全文に返り点・送り仮名を付した寛文三年版の語録がある

『黄檗和尚太和集』一冊　「侍者性派・性激同編」　寛文二年壬寅弟子道光捐資敬刻　○『国訳禅学大成』第十八巻に収む

『黄檗和尚太和集』四巻一冊　「嗣法門人性瑫編」　癸卯梅月(寛文三年二月)方外素菴会道人序

『普照国師広録』三十巻十冊　吏部尚書劉沂春序　○隠元の寂後南源性派が編修し、全文に返り点・送り仮名を付す。生前版行の語録を省略して収載、字句を訂正した個所がすくなくない

『黄檗隠元禅師雲濤集』一冊　「門人性願録」　辛卯(順治八)秋日仙烙語石居士唐顕悦序　○在明中

の詩偈五百九十五首を収む

『黄檗隠元和尚雲濤続集』一冊「侍者道収編録」○東渡後の詩偈百八十五首を収む（以下同じ）

『隠元和尚雲濤二集』八巻二冊「侍者性瑩編録」寛文七年丁未泉州弟子道成捐資刊　○詩偈九百七十七首を収む

『雲濤三集』四巻一冊「侍者性派・性激編録」○詩偈三百十九首・歌二十三を収む　増補本（八巻一冊）あり詩偈六百六十首・歌三十四を収む

『松隠集』三巻一冊「侍者道澄編録」○詩偈百九十四首・歌五を収む

『隠元和尚松隠二集』四巻一冊「侍者道澄編録」○詩偈三百七十五首・歌五・題賛二十四（うち自賛五）を収む

『松堂続集』四巻一冊「侍者性派編」○詩偈四百四十五首・題賛十一（うち自賛八）を収む

『松隠老人随録』一冊「侍者道節録」○七言八句の詩偈百十三首を収む

『黄檗隠元和尚耆年随録』二巻一冊「侍者道澄録」○詩偈百八十六首・題賛十一（うち自賛三）を収む

『隠元和尚擬寒山百詠』一冊　「侍者道澄録」　寛文六年丙午孟夏仏誕日松隠老人隠元自序　○五言八句の詩偈百一首を収む

『禅　余　詞』一冊　「侍者性派編録」　寛文戊申年陽月聖制日（寛文八年十月十五日）黄檗老僧隠元琦自序　○歌五十六を収む

『黄檗山御賜仏舎利記』一冊　「松隠老人隠元琦著」

『仏　祖　像　賛』一冊　壬寅臘月八日（寛文二年十二月八日）隠元自序、壬寅年女弟子性恩捐資謹刻

『三　籟　集』三巻一冊　「嗣祖沙門隠元琦編輯」　万治三年庚子秋孟（七月）穀旦隠元序　万治三年七月吉旦二条通鶴屋町田原氏文林刻　○元福厳石屋和尚山居詩四十首、元嶽林栯堂禅師山居詩四十首・元天目中峰和尚四居詩四十首を収む　寛文十二年版の註釈本がある

『弘　戒　法　儀』一冊　「黄檗嗣祖沙門隆琦編正」　明暦四年釈道光領清心清雲妙空元同常有等捐資重刻　○黄檗三壇戒の順序方法を詳記す、二種類の別本がある

『黄檗和尚寿章 附頌言 附別句』一冊　（明版・竜谷大学図書館蔵）　田中張利民序　○張田中以下の隠元六

十三誕辰預祝寿詞四十首、門弟子性日以下の頌言三十四首、葉霞丞以下の別句四十四首を収む

『黄檗開山和尚七秩寿章』一冊　辛丑（寛文二）劉沂春・黄景昉・陳従教序　○木庵以下三十人の法子・法孫らの寿詩三十、林茂枝以下七人の居士の寿詩七首を収む

『黄檗開山和尚八十寿章』一冊　木庵の上堂法語、即非・慧林・独湛・南源・高泉の寿文、木庵以下七十七名の寿詩八十一首を収む

『黄　檗　寺　志』三巻一冊（明版、内閣文庫蔵）釈行璣・行先等編、崇禎戊寅下元日（崇禎十一年十月十五日）岸先居士王志道序　○福建省福州府福清県黄檗山萬福寺関係の記事を収む

『黄　檗　山　寺　志』八巻二冊「住持隠元琦重修、門弟子性幽編閲」壬辰（順治九）一陽後隠元琦序

『新　黄　檗　志　略』二巻一冊「開山沙門隠元琦修、嗣法門人性瑫・如一同閲」甲辰（寛文四）二月望日隠元自序　○山城宇治黄檗山萬福寺関係の記事を収む

『黄檗隠元禅師年譜』一冊「侍者性日編録」甲午歳孟冬（承応三年十月）逸然性融捐資刊　○二種類の増補本がある

『普照国師年譜』二巻一冊　○隠元の寂後法嗣の南源性派が編録、末尾に南源の跋言を載す

『黄檗開山隠元老和尚末後事実』一冊　寛文癸丑（十三年）四月八日慧林性機撰

『黄檗開山国師伝』二巻一冊　「元禄十四年辛巳九月吉日志源沙門道温懐玉撰」　元禄十五年京都書林茨城太左衛門版行

『東渡初祖伝』二巻一冊　「法苑祖沙門性激高泉撰」　○巻之下に「明隠元琦禅師伝」を収む

『檗宗譜略』三巻一冊　「浄寿仙門撰」　元禄癸酉（六年）夏四月初三日浄寿跋、元禄十二年孟秋中元日千呆序　○隠元の法嗣二十三人の伝記を収む

『松隠続集』四巻二冊　「侍者性派録」　○詩偈四百九首・題賛三十六を収む

『松隠三集』四巻二冊　「侍者性派・侍者性澂集録」　寛文丁未七年九月中澣穀旦隠元自序　○詩偈三百六十三首・歌三・題賛三十一（うち自賛四）を収む

『耆齢答響』一冊　「侍者道澄録」　辛亥年（寛文十一年）黄鐘月吉旦松隠老人隠元琦自序　○七言八句の詩偈百首、七言四句の詩偈五十四首を収む

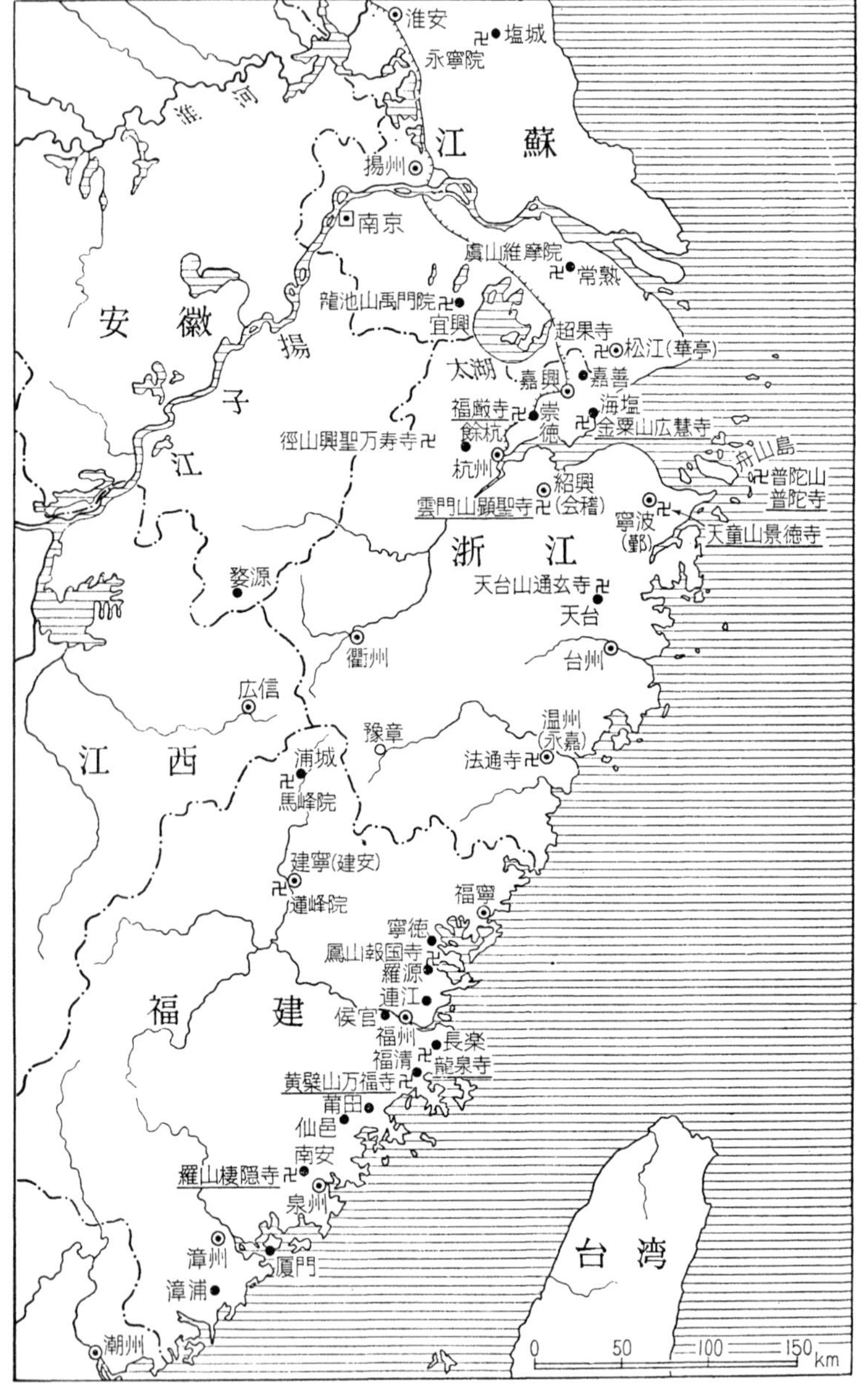
淮安
塩城
永寧院
淮
河
江
蘇
揚州
南京
虞山維摩院
常熟
龍池山禹門院
宜興
安
徽
揚
子
江
太湖
超果寺
松江（華亭）
嘉興
嘉善
海塩
福巌寺
崇
徳
金粟山広慧寺
徑山興聖万寿寺
餘杭
杭州
舟山島
普陀山
普陀寺
紹興
雲門山顕聖寺
（会稽）
寧波
（鄞）
天童山景徳寺
浙
江
婺源
天台山通玄寺
天台
衢州
台州
広信
温州
（永嘉）
豫章
江
西
浦城
法通寺
馬峰院
建寧（建安）
蓮峰院
福寧
寧徳
鳳山報国寺
羅源
連江
福
建
侯官
福州
長楽
福清
龍泉寺
黄檗山万福寺
莆田
仙邑
南安
羅山棲隠寺
泉州
漳州
廈門
台
湾
漳浦
潮州
0
50
100
150
km
隠元関係参考地図

著者略歴

明治四十二年生れ
昭和十年東京帝国大学文学部国史学科卒業
元東京都立戸山高等学校教諭
平成六年没

主要著書

新纂校訂隠元全集〈編〉

人物叢書 新装版

隠元

昭和三十七年 九月二十五日 第一版第一刷発行
平成 元 年 三月 一 日 新装版第一刷発行
平成 十 年 六月二十日 新装版第三刷発行

著者 平久保章（ひらくぼあきら）
編集者 日本歴史学会
代表者 児玉幸多
発行者 吉川圭三
発行所 株式会社 吉川弘文館
東京都文京区本郷七丁目二番八号
郵便番号一一三―〇〇三三
電話〇三―三八一三―九一五一〈代表〉
振替口座〇〇一〇〇―五―二四四
印刷＝平文社 製本＝ナショナル製本

『人物叢書』(新装版)刊行のことば

人物叢書は、個人が埋没された歴史書が盛行した時代に、「歴史を動かすものは人間である。個人の伝記が明らかにされないで、歴史の叙述は完全であり得ない」という信念のもとに、専門学者に執筆を依頼し、日本歴史学会が編集し、吉川弘文館が刊行した一大伝記集である。

幸いに読書界の支持を得て、百冊刊行の折には菊池寛賞を授けられる栄誉に浴した。

しかし発行以来すでに四半世紀を経過し、長期品切れ本が増加し、読書界の要望にそい得ない状態にもなったので、この際既刊本の体裁を一新して再編成し、定期的に配本できるような方策をとることにした。既刊本は一八四冊であるが、まだ未刊である重要人物の伝記についても鋭意刊行を進める方針であり、その体裁も新形式をとることとした。

こうして刊行当初の精神に思いを致し、人物叢書を蘇らせようとするのが、今回の企図である。大方のご支援を得ることができれば幸せである。

昭和六十年五月

日本歴史学会

代表者　坂本太郎

〈オンデマンド版〉
隠　元

人物叢書　新装版

2020年（令和2）11月1日　発行

著　者　平久保　明（ひらくぼ　あきら）

編集者　日本歴史学会
代表者　藤田　覚

発行者　吉川道郎

発行所　株式会社　吉川弘文館
〒113-0033　東京都文京区本郷7丁目2番8号
TEL　03-3813-9151〈代表〉
URL　http://www.yoshikawa-k.co.jp/

印刷・製本　大日本印刷株式会社

平久保　明（1909～1994）

ISBN978-4-642-75148-3